JN412464

찬란한 복음, 세상을 품다

|

로마서 관통묵상

심현숙 목사의 다른 책들:
유아를 세워주는 부모의 기도, 2018, 종려가지
기다림, 아름다운 약속(누가복음 묵상), 2021, 종려가지
하나님의 역사, 그 은혜의 시간(사도행전 묵상), 2022, 종려가지

찬란한 복음, 세상을 품다

로마서 관통묵상

1판 인쇄일 2023년 3월 6일
1쇄 발행일 2023년 3월 10일

지은이 _ 심현숙
펴낸이 _ 한치호
펴낸곳 _ 종려가지
등 록 _ 제311-2014000013호(2014. 3. 21)
주 소 _ 서울특별시 은평구 은평로 14길 9-5
전화 02. 359. 9657
디자인 _ 표지 이순옥/ 내지 구본일
제작대행 _ 세줄기획(02. 2265. 3749)
영업(총판) _ 일오삼
전화 02. 964.6993 팩스 2208.0153

값 12,000 원

ISBN 978-11-90968-57-7

찬란한 복음, 세상을 품다

로마서 관통묵상

심 현 숙

문서사역
|종|려|가|지|

머리말 _ 찬란한 복음, 세상을 품다

아직은 찬 기운이 감도는 아침... 교회에 도착합니다. 사무실로 들어가기 위해 방향을 돌리는데, 운동복을 입고 모자를 눌러쓴 젊은 여자분이 맞은편에서 달려옵니다. 그분은 2, 3초 사이로 저보다 먼저 교회 출입문을 열고 들어갑니다. 제가 뒤따라 들어가면서 '안녕하세요' 인사를 건넸습니다. 그런데 아무런 소리가 들려오지 않아 고개를 돌려봅니다. 그때 제 눈에 들어온 그분은 간절한 마음으로 하나님의 은혜를 구하고 있는 모습입니다. 머리를 숙이고..., 눈을 감고..., 두손을 모아 마음의 간절한 소원을 드리고 있습니다. 자비하신 하나님께...

자비하신 하나님..., 그분 앞에서 고개를 숙일 수 있는 것, 거룩하신 하나님..., 그분 앞에서 두 손을 모을 수 있는 것, 신실하신 하나님..., 그분 앞에서 연약한 인생이 능력을 구할 수 있는 것..., 이러한 은혜를 누릴 수 있는 것은 하나님의 복음이 우리의 인생에 개입해 주셨기 때문입니다. 복음은 오늘을 살아가는 우리의 아픔이 아름다운 찬양이 되게 하고, 오늘을 살아가는 우리의 눈물이 감사가 되도록 합니다. 그러니 하나님의 복음은 우리의 시간을 매우 찬란하게 합니다.

복음이 찬란할 수 있는 이유는 무엇일까요? 복음에는 모든 인류의 어둠을 품으시는 하나님의 사랑과 세상의 모든 눈물을 품어주시는 예수님의 생명이 있기 때문입니다. 하나님의 사랑은 무엇으로도 회복할 수 없는 절망이 희망을 향하도록 합니다. 예수님의 생명은 우리들의 실패를 포기하지 않으십니다. 복음은 우리로 선하고 의로운 길을 꿈꾸게 하시고, 여전히 넘어지지만 다시 일어날 힘이 되어 주십니다. 이처럼 우리로 생명이 있는 삶을 살아가게 하시니 복음은 찬란합니다.

찬란한 복음, 예수님의 시작은 세상이 잠들어 있는 조용한 시간입니다. 오늘도 어제와 같이 크게 달라지지도, 변하지도 않는 풍경입니다. 분명 어제의 새벽이고 공기이며, 어제의 아침처럼 평범하고 분주한 일상입니다. 세상은 그들이 가지고 있는 권력을 앞세워 곤고한 이들의 삶을 여지없이 뒤흔들어 버릴 것이고, 그들의 무자비는 오늘도 누군가의 생명을 무가치하게 만들어 버릴것입니다. 그런데... 이런 세상에 예수님은 우리와 같은 인간의 모습으로 일상을 함께 하십니다. 예수님은 어떤 힘도 능력도 드러내지 않으시고, 그저 잠잠히 세상을 품으십니다. 예수님의 눈물로 아프고 곤고한 이들의 등을 토닥여 주십니다. 그러니 복음은 참으로 찬란합니다.

찬란한 복음이 있어 인생이 가능했던 세례 요한의 시간을 봅니다. 그는 공의도... 자비도 없는 세상 권력에 무릎을 꿇지 않습니다. 그의 역사가 그저 힘없는 인생으로 기억되더라도 권력을 등에 업지 않습니다. 무엇도 공평하지 않은 세상이지만, 하나님의 뜻을 외면하지 않습니다. 그의 삶은 어느새 하나님의 말씀이 되고, 하나님의 뜻이 됩니다. 그렇게 세례 요한은 하나님의 방법으로 하나님의 뜻을 이루어 갑니다.

복음이 하나님의 나라를 그리도록 하기에 세례 요한의 삶이 찬란할 수 있습니다.

복음이 더할 나위 없이 찬란한 것은, 감옥에 갇혀 무엇도 할 수 없는 세례 요한의 시간 속입니다. 그의 시간과 늘 맞물려 있는 예수님께서 그 어떤 일도 이루지 않으십니다. 그에게 들려오는 예수님의 행보는 여전히 가난하고 힘겨운 이들을 위한 일상입니다. 세례 요한은 예수님께 묻습니다. "오실 그이가 당신이오니이까 우리가 다른 이를 기다리오리이까..." 두려운 듯 떨리는 그의 질문 앞에서 예수님은 "여자가 낳은 자 중에 세례 요한보다 큰 이가 일어남이 없도다..."는 답만 주실 뿐입니다. 여전히 세례 요한을 위한 그 어떤 일도 하지 않으시겠다는 것입니다. 요한의 죽음 앞에 복음이 없었다면 그저 쓸쓸했을 것입니다. 그러나 요한의 모든 시간, 복음이 함께 했기에 그의 죽음은 찬란합니다.

하나님을 떠난 우리는 무엇으로도 회복 될 수 없는 시간을 걷고 있습니다. 무엇이 정답인지 알지 못하고, 회복의 필요성도 알 수 없는 우리의 시간입니다. 그러니 하나님께서 내버려두시는 의미를 깨닫지 못하고, 오히려 고개를 들었던 우리의 시간일 수밖에 없습니다. 그러한 우리의 오늘이 이제는 희망 안에서 호흡합니다. 죄인 된 우리가 하나님과 다시 화해할 수 있고, 오늘의 실패가 복음 안에서 새로운 희망을 꿈꿀 수 있습니다. 복음이 죽어 있던 우리의 영혼을 하나님과 잇대어 있는 생명 안으로 초대 합니다. 하나님의 복음, 그 복음이 우리의 인생을 찬란하게 합니다.

여전히 쓸쓸하고 황량한 기운이 온 대지를 감싸고 있습니다. 여전히 끝나지 않을 것 같은 쓸쓸한 시간인데, 봄바람은 어느새 찬 바람 사이사이를 비집고 들어옵니다. 시간이 조금 더 지나면 눈이 부시도록 찬란한 햇살이 우리들의 시간을 따뜻하게 하겠지요. 찬란한 햇살이 온 대지를 품게 되면 생명을 숨기고 있는 씨앗은 온 인류에게 새로운 싱그러움을 선물하겠지요. 잠시 쉬고 있던 식물들도 기지개를 펼 것이고, 잠자고 있던 생명은 우리에게 풍성한 시간을 걷도록 하겠지요. 하나님의 작품, 찬란한 햇살이요.

복음은 찬란한 햇살과 같습니다. 찬란한 햇살은 가난한 사람이나 부한 사람을 비교하지 않고 모두에게 그 빛을 비추어 줍니다. 몸이 연약한 사람도 강건한 사람도 햇살 아래에서는 모두 귀한 생명이 됩니다, 마음이 선한 사람도, 비록 악하여 누군가를 눈물나게 하는 사람도 햇살은 그저 따사로운 햇살일 뿐입니다. 절망 속에서 몸부림 치는 이들, 존재하는 이유를 찾지 못해 방황하는 이들에게 희망을 꿈꾸게 하고, 내일을 기대하게 하는 따사로운 햇살입니다. 그러니 찬란한 햇살은 복음과 같습니다.

찬란한 복음이 있어 모든 생명이 존귀하기에 우리의 오늘이 존재합니다. 찬란한 복음이 오늘을 호흡하도록 하니, 우리는 피가 식어지는 그 순간까지 하나님의 은혜를 바랄 수 있습니다. 온 인류와 세상을 품어주는 복음이기에..., 그 복음은 그저 찬란합니다. 우리의 시간 속에서...

차 례 _

3」 의롭다하심과 하나님의 주권

4」 의로운 사람으로 세워지는 성도

1. 1:1-7

하나님의 복음과 은혜

:: 말씀 나눔

하나님의 아들, 예수 그리스도로 시작된 복음은 각 사람에게 비추는 빛이 되어 세상으로 변화의 물결이 일게 한다. 이 빛은 뼈속까지 율법으로 스며있던 사울의 생각을 부서지게 했고, 그로 또 다른 인생 바울의 삶을 살게 한다. 일상의 모든 것을 율법에 비추어 생각하고 판단하여 해석했던 바울이다. 그런데 복음의 빛은 그런 바울로 예수 그리스도의 종이요, 사도로 부르심을 받게 한다. 그리고 하나님의 복음을 위하여 택정함을 입었다는 것에 그저 감사하도록 한다. 바울이 사도로 부르심을 받고 하나님의 복음을 위하여 택정함을 입기까지 그의 무엇도 영향을 주지 않았다. 오직 하나님의 무조건적인 은혜, 불가항력적인 사랑이 바울의 시간에 찾아와 주셨고, 복음을 전하는 삶을 살아가게 한 것이다. 복음을 통하여 영원한 생명을 얻은 바울, 그러하기에 그가 살아가는 목적은 오직 하나, 하나님의 영광이 되는 것이다.

복음, 즉 예수님에 관하여는 하나님께서 선지자들을 통하여 이미 말씀하셨기 때문에 구약 성경의 모든 예언은 이 약속에 집중된다. "이새의 줄기에서 한 싹이 나며 그 뿌리에서 한 가지가 나서 결실할 것이요"(사11:1), "여호와께서 그에게 상함을 받게 하시기를 원하사 질고를 당하게 하셨은즉 그의 영혼을 속건제물로 드리기에 이르면 그가 씨를 보게 되며 그의 날은 길 것이요 또 그의 손으로 여호와께서 기뻐하시는 뜻을 성취하리로다"(사53:10). 말씀에 따라 다윗의 혈통에서 나신 예수님은 십자가에 못 박혀 죽으셨으나 성령으로 말미암아 죽은 자들 가운데서 부활하시고, 하나님께서 그를 지극히 높여 모든 입으로 예수 그리스도를 주라 시인하게 하신다. 육신으로는 결코 이룰 수 없는 역사이지만 우리를 향한 하나님의 사랑이 이루시어 구원의 길을 열어 주신다.

부활의 주가 되신 예수 그리스도를 통하여 주의 은혜가 주어졌고, 주의 은혜는 사도의 직분을 받을 수 있게 했으며, 사도의 직은 곧 이방인들에게 복음을 전함으로 그들도 믿어 순종하게 했다. 은혜와 사도의 직분이 주어진 이유는 무엇인가. "그 이름을 위하여", 즉 하나님의 영광을 나타내기 위해서다. 하나님의 복음을 알지 못하는 이방인들이기에 그들도 예수 그리스도의 것, 하나님의 소유, 거룩한 성도로 부르심을 받게 되었다는 것을 전하여 알게 하는 것이 바울로 은혜와 사도의 직이 주어진 이유다. 하나님의 복음과 은혜는 누구에게나 차별이 없기 때문에 믿어 고백하는 사람이라면 거룩한 성도가 된다. 하나님의 사랑은 죄인들을 부르시기 이전부터 살아있었고, 예수님의 겸비는 이런 하나님의 사랑에 마침표가 되어 주셨다. 바울은 은혜의 근원이 되시는 하나님 아버지와 그 길이 되시는 주 예수 그리스도로부터 은혜와 평강이 성도로 부르심을 받은 모두에게 있기를 바라며 인사를 마친다.

:: 묵상 나눔

하나님의 복음은 존재하는 모든 생명을 위해 나타났고, 존재하는 모든 생명은 나타나신 하나님의 복음에 반응을 합니다. 복음이 세상에 나타날 수밖에 없었고, 세상이 복음 앞에서 반응 할 수밖에 없는 이유는 이 복음 안에는 하나님의 불가항력적인 사랑이 있기 때문입니다. 불가항력적이라는 말은 사람의 힘으로는 도저히 저항할 수 없다는 것을 의미합니다. 여기에는 인간의 생각이나 방법이 전혀 개입될 수 없고, 선한 행위나 악한 행위도 전혀 개의치 않습니다. 오직 하나님의 사랑과 은혜만 존재할 뿐입니다.

바울이 하나님께로부터 은혜를 입고 사도의 직을 받기 이전까지의 삶은 하나님의 자비와 대립각이었습니다. 그의 삶으로는 하나님의 은혜를 도저히 입을 수 없는 인생이었다고 바울 스스로 말합니다. 그런데 그런 바울에게 하나님의 긍휼이 찾아옵니다. 그러니 바울이 예수 그리스도의 종이 될 수 있었던 것도, 사도로 부르심을 받을 수 있었던 것도, 하나님의 복음을 위하여 택정함을 입을 수 있었던 것도 불가항력적인 하나님의 사랑만 있었다는 것을 우리는 인정하게 됩니다.

그렇다면 그는 어떻게 이런 은혜를 누릴 수 있게 되었을까요. 하나님의 복음이 되기 위하여 예수님께서 죽기까지 낮아지셨기 때문입니다. 십자가의 멍에 그 고통을 이겨내 주셨기 때문입니다. 우리 인생을 구원하시기 위해 하나님께서 그렇게 길고 긴 시간 일하실 때, 여전히 어둡기만 한 우리 인생의 그 긴 시간을 예수님의 겸비가 함께 하셨기 때문입니다.

하나님과 예수님의 아픈 눈물입니다. 그러니 주의 이름을 위하여 살아가고 싶은 소망이 우리의 바람이며, 성도의 삶을 감당하고자 하는 이유겠지요.

:: 기도 나눔

하나님 아버지, 우리의 삶을 은혜 안에서 주관하시고 긍휼을 베풀어 주셔서 감사합니다. 우리의 생각을 판단하지 않으시고, 행위에 따라 보응하지 않으시는 은혜를 감사합니다. 오늘도 하나님의 자비하심과 예수님의 기도, 영혼을 깨우시는 성령님의 인도로 생각이 풍성한 날 되게 하옵소서.

2. 1:8-15

하나님의 신령한 은사

:: 말씀 나눔

예수 그리스도를 통하여 은혜의 시대를 살아가고 있는 로마의 성도들이다. 바울은 절대 권력을 행사하는 로마에 기독교 공동체가 형성되도록 은혜를 주신 하나님께 감사한다. 바울이 복음을 전하던 시대의 흐름은 "모든 길은 로마로 통한다."는 격언에서 알 수 있듯이 로마를 중심으로 하는 문화였다. 그러니 로마시의 경제적 가능성은 많은 유대인들로 그곳에 정착을 하게 했다. A.D. 19년에 대규모의 유대인 추방이 있게 되는데, 이는 유대인들의 세력을 결코 무시할 수 없었다는 것을 증명한다. 이후 유대인들에게 호의적이었던 티베리우스가 로마 귀환을 다시 허용하게 되는데, 필로의 자료에 의하면 티베르강 맞은편의 광범위한 로마 구역을 유대인들이 차지해 거주하였다고 한다. 이때 유대 그리스도인들도 함께 이주하여 살아가게 되는데, 그러면서 유대교인과 그리스도교인 사이에는 종교적 소요가 끊이지 않고 일어나게 된다.

그러자 A.D. 49년 글라우디우스 치하 때 다시 유대인 추방령(행18:2)이 내려진다. 이처럼 역사가들에 의해 기록된 자료들을 통해 당시 적지 않은 기독교 공동체가 로마에 있었다는 것을 알 수 있다. 세상의 힘과 권력이 살아있는 로마제국의 시간과 공간에 복음이 전파되도록 은혜를 주신 하나님이다.

하나님의 신실하심은 예수 그리스도의 종 바울로 하여금 심령으로 하나님을 섬기게 하며, 나아가 복음 아래에 있는 모든 사람을 위해서 진심으로 기도하게 한다. 로마 성도들을 향한 바울의 간절한 마음은 "로마도 보아야 하리라"

는 고백(행19:21)이나 "주께서 바울에게 이르셔서 예루살렘에서 나를 증언한 것 같이 로마에서도 증언하여야 하리라"(행23:11)는 말씀 등 여러 곳에서 전하여진다. 로마에도 복음이 편만하게 전파되기를 원하시는 하나님의 뜻, 그러니 바울도 로마를 향한 간절한 마음이 늘 마음 한편에 자리한 것이다. 그 마음은 로마에 있는 그리스도인들을 위해 항상 기도하게 했으며, 하나님의 뜻 안에서 로마로 나갈 좋은 길이 순적히 열리기를 간절히 간구하도록 한다.

결코 순탄하지 않을 로마에서의 시간, 그 길을 그렇게 가고자 하는 이유는 무엇인가. 첫째는 신령한 은사를 나누어 주어 그들의 믿음이 더욱 견고하게 하려는 것이고, 두 번째는 다른 지역에서처럼 로마에서도 열매를 맺기 위한 것이다. 로마교회는 물론 신실한 성도들이 많이 있지만 그곳은 권력과 힘, 인간의 생각이 살아있는 현실의 땅이다. 이에 바울과 로마 그리스도인들이 하나님께서 주시는 신령한 은사를 함께 공유함으로 피차 안위함을 얻고, 더 많은 열매를 맺고자 하는 것이다. 복음은 헬라인이나 야만인, 지혜 있는 자나 어리석은 자 모두에게 허락된 은혜다. 모든 생명은 하나님께 속하였기에 존귀하다. 바울이 모든 사람에게 빚진 자라 고백하는 이유가 되기도 한다.

:: 묵상 나눔

하나님의 역사 안에 인간의 교만과 탐심이 들어옵니다. 교만이 창조주를 떠나게 하고 탐심은 주인을 볼 수 없게 합니다. 그럼에도 하나님의 약속은 희망이 됩니다. 하나님의 약속과 성취 안에는 모든 것을 내어주시는 예수님의 시간이 함께 합니다. 예수님의 시간은 풍요 속에서 만날 수 없고, 권력을 행사하는 현장에서도, 화려하기만 한 잔치 속에서도 그 모습을 찾아 볼 수 없습니다. 오히려 일어나 걸을 수 없는 자들의 공간 안에서, 율법에 따라 정죄를 받고 있는 여인의 공간 안에서, 배고픈 무리의 공간 안에서 만날 수 있습니다. 그리고 마지막으로 그 모습을 보이셨던 곳은 골고다 언덕으로, 세상의 모든 죄악 된 시간과 공간을 홀로 품고 있는 십자가 위에서입니다.

이로써 예수님은 하나님의 구원 약속을 성취하십니다. 예수님의 시간과 공간은 죄악으로 가득한 시대를 은혜의 시대로 바꾸어 주셨고, 이제는 제자들로 은혜의 시대를 위해 살아가도록 하십니다. 누구도 알 수 없었던 하나님의 방법이요, 깨달아 인정할 수도 없었던 세상의 지혜이지만 하나님의 은혜가 홀로 일하십니다. 그러니 그저 하나님을 찬양할 수밖에 없습니다. 이 은혜가 바울로 예수 그리스도의 종이 되게 했고, 차별이 없으신 주님의 사랑에 따라 모두의 사도가 되게 합니다.

복음을 전하는 바울은 로마 성도들에게 신령한 은사를 나누어 주고자 합니다. 신령한 은사는 바울의 영역이 아닌 하나님의 영역입니다. 하나님의 주권 안에서 허락하신 은혜와 능력이기에 신령한 은사가 됩니다. 진정 그러합니다. 하나님을 알고, 예수를 그리스도라 고백하는 것, 그리고 주의 백성으로 살아가는 것 오직 하나님의 은혜요, 신령한 은사입니다.

:: 기도 나눔

하나님 아버지, 헬라인이나 야만인이나 지혜 있는 자나 어리석은 자 모두에게 하나님의 신령한 은사를 힘입어 살아가게 하시니 감사합니다. 하나님의 깊은 은혜의 세계로 들어가기를 소망합니다. 더욱 기도하는 삶이 되도록 도와주셔서 그 놀라운 신비를 나누며 살아가는 인생이 되게 하옵소서.

3. 1:16-17

하나님의 의, 복음

:: 말씀 나눔

로마제국이 가지고 있는 절대 권력은 로마 귀족은 물론이거니와 평민들까지도 대단한 자부심을 갖게 했다. 평민들은 귀족과는 달리 실질적인 절대 권력을 누릴 수 없고, 그럴 힘도 가지고 있지 못했지만, 로마 시민이라는 그 자체만으로도 우월감을 갖게 한다. 이와 같이 권력을 자랑하는 로마인들이고, 문화를 자랑하는 헬라인이며, 그런 문화 속에서 종교적 우월성을 가지고 있는 유대인들이다. 그런 그들에게 당시 최고의 극형이었던 십자가... 멸시와 조롱 가운데 죽임을 당한 그리스도를 전한다. 그리고 누구도 경험하지 못했고, 경험할 수도 없는 찬란한 부활, 영광의 부활로 그 끝을 맺는다. 세상으로서는 도저히 이해할 수 없는 방법이요, 상황들이다. 그러니 시대를 주도하는 절대 권력과 문화, 그리고 종교적 우월감 앞에서는 더없이 초라할 수밖에 없는 복음이다. 그러나 바울은 이런 복음을 부끄러워하지 않는다. 예수 그리스도, 이 복음은 구원을 이루게 하는 하나님의 능력이 되기 때문이다.

그렇다면 하나님의 능력은 무엇인가. 그것은 도무지 깨달아 알 수 없는 우리의 심령을 간섭하시어 구원에 참여할 수 있도록 하신 힘이다. 어둠이 스스로 빛이 될 수 없는 것처럼 인간은 스스로 하나님을 알 수 없게 되었다. 어둠이 우리의 눈을 가려 보지 못하게 하고, 세상의 소리가 우리의 귀를 막아 자비로운 음성을 듣지 못하게 했고, 우리가 가지고 있는 죄성은 하나님을 속히 떠나게 했다. 도저히 하나님의 자녀가 될 수 없는 인간이고 세상이 되어버렸다. 그런데 무엇도 기대할 수 없는 우리를 위해 하나님은 예수님을 세상에 보내주시고, 깨달아 믿을 수 있도록 하신다. 이것이 모든 믿는 자에게 구원으로 응답하시는 하나님의 능력이며, 이 능력은 유대인과 모든 이방인의 마음을 움직이게 한다.

복음은 하나님의 의가 비로소 살아 역사하도록 한다. 하나님의 의는 우리 인생이 예수를 믿고 구원에 이르게 하는 은혜요, 능력이다. 그러나 하나님의 의는 예수님의 보혈을 통해서만 가능하다. 그러니 하나님의 의가 나타나기 위해서는 복음이 먼저 완성되어야 한다. 이에 예수님은 대속과 부활로 복음을 완성해 주셨고, 완성된 복음 안에서 하나님의 의는 영혼이 살아나도록 했다.

하나님의 의와 복음은 믿음이 믿음으로서 일하게 하신다. 하나님을 믿는 믿음이 비로소 삶에서 드러나는 믿음으로 나아가는 것이다. 복음 안에서 나타난 하나님의 의, 죄악으로 물들어 버린 우리 인생, 이렇게 서로 다른 두 세계는 결코 하나가 될 수 없다. 그러나 하나님의 자비는 이 두 세계를 하나가 되도록 하셨다. 하나님의 의는 복음을 믿을 수 있는 은혜를 가능하게 했고, 복음을 믿음으로 우리는 더 신실한 믿음을 소유하기 위하여 힘쓰는 오늘이 되게 한다. 하나님께서 지금도 일하고 계신다는 것을 확신하는 것도, 예수님의 죽음과 맞바꾸어 얻게 된 구원을 믿는 것도, 우리를 더욱 성숙한 믿음으로 향하도록 한다.

:: 묵상 나눔

내가 죄인 되었던 그때에 하나님께서 기다려주시고, 일하셨다는 것을 인간의 지혜로 어떻게 고백할 수 있을까요. 복음은 과연 아름다운 약속이었다는 것과 오늘의 시간이 하나님의 약속 안에 있었다는 것을 어찌 깨달을 수 있을까요. 우리는 스스로 하나님을 찾을 수 없고, 찾지 않는 존재입니다. 늘 그래왔던 것처럼 오늘도 나를 위해 살아가는 날이고, 나를 위해 고민하는 시간이고, 나를 위해 관계를 맺어가는 하루입니다. 나를 중심으로 상황을 해석하게 되니 지금 만나는 일이 마음을 곤고하게 하고, 또다시 생각 없는 깊은 침묵 속에 머무르게 합니다.

하나님은 이런 우리의 영혼을 복음으로 깨우셔서 깊은 어둠을 끝내게 하십니다. 그리고 거룩한 생각을 하게 하십니다.

복음 안에는 하나님의 구원이 있고, 구원을 이루는 능력이 있고, 영원한 의가 있습니다. 강도와 함께 십자가에서 죽으신 예수님, 그 그림만 본다면 누구도 그 그림에서 구원을 발견할 수 없습니다. 헤롯의 권력 앞에서 비참하게 죽어간 세례 요한, 그 한 장면만 본다면 결코 하나님의 살아계심을 생각할 수 없습니다. 그러나 예수님의 모든 시간의 그림을 보니 그분의 삶 안에서 하나님의 능력, 구원을 보게 됩니다. 세례 요한의 어제와 오늘을 보니 그의 시간 안에서 하나님의 섭리를 보게 됩니다. 하나님의 능력은 역사 안에서 일하셨고, 여전히 일하시며, 우리와 함께 하십니다.

하나님의 섭리는 우리의 모든 시공간에서 선하신 뜻을 이루어 가십니다. 그러니 하나님께서 주신 믿음으로 하나님을 더욱 기쁘시게 하는 나의 믿음이 되기를 바라봅니다. 영광 중에 그리스도 앞에 설 그날을 생각하며, 오늘도 부끄럽지 않는 믿음의 하루가 되기를 간절히 소망하는 시간입니다.

:: 기도 나눔

하나님 아버지, 생각 없는 깊은 침묵 속에 빠져 있을 때 구원의 은혜로 일으켜 주셔서 감사합니다. 복음 속에 있는 하나님의 의로 영혼이 깨어나게 하시니 감사합니다. 하나님을 믿는 믿음으로 어제의 하나님을 기억하게 하시고, 오늘의 하나님을 느끼며, 내일의 하나님을 기대하게 하옵소서.

4. 1:18-23

핑계할 수 없는 불의

:: 말씀 나눔

하나님의 의와 대립을 이루는 불경건과 불의가 있다. 이러한 종류의 행위는 하나님을 섬길 수 없으며, 또한 하나님께 신실한 삶을 드릴 수 없다. 그들은 하나님의 진리를 거부할 뿐만 아니라 그 진리를 막고 있기 때문에 하나님과 결코 화목할 수 없다. 그렇다면 불의한 자들은 진리를 알지 못하는가. 그럴 수 없다. "하늘이 하나님의 영광을 선포하고 궁창이 그의 손으로 하신 일을 나타내고 있고"(시19:1), "이제 모든 짐승에게 물어보라 그것들이 네게 가르치리라 공중의 새에게 물어보라 그것들이 또한 네게 말하리라 땅에게 말하라 네게 가르치리라 바다의 고기도 네게 설명하리라 이것들 중에 어느 것이 여호와의 손이 이를 행하신 줄을 알지 못하랴 모든 생물의 생명과 모든 사람의 육신의 목숨이 다 그의 손에 있느니라"(욥12:10) 말씀하고 있다. 하나님은 창조세계를 통하여 보이지 아니하는 것들 곧 하나님의 영원하신 능력과 신성이 그 모든 창조물에 분명히 보여 알려지게 했다. 인간은 분명 하나님의 형상을 따라 지음을 받았다. 하나님의 피조물인 인간의 내면에는 창조주를 향한 본능과 양심이 있으며, 영원을 사모하는 마음이 있다. 그러므로 누구도 하나님을 알 수 없었다고 핑계할 수 없다.

역사를 통하여 이미 보여주셨고, 인간의 내면에 창조주를 알 수 있는 은혜를 주셨음에도 하나님의 진리가 드러나지 못하도록 막는 사람들이 있다. 하나님은 이런 자에게 진노로 찾아오신다. 구약 초기 하나님의 진노가 이스라엘 백성들에게 임한 이유는 이스라엘 백성이 하나님의 언약을 배반하였을 때다. 이와는 다르게 이방인을 향한 하나님의 진노는 이스라엘 백성을 억압하였을 때다. 시간이 흘러 구약 후반에서는 하나님의 심판의 날, 즉 인류의 마지막 날에 초점을 둔다. 신약에서도 마지막 날의 심판에 무게를 두고 있는데, 본문에서는 오늘 우리의 시간 속에 나타난 진노를 말한다. 하나님의 진노는 예수님이 왜 이 땅에 오셔야했는지를 말하게 하고, 진노의 결국이 무엇인지를 우리로 알게 한다.

하나님의 진노를 불러오는 삶은 어떠한가. 하나님을 영화롭게 하지 않는 것이요, 감사하지 않는 것이다. 생각이 거짓되고 무익해져 버렸다. 마음이 어두워졌기 때문에 미련한 자가 되어 스스로 지혜가 있다고 주장한다. 그러나 실상은 어리석은 자로 살아간다. 그러니 썩어지지 않고 영원한 하나님의 영광을 썩어지는 사람과 새와 짐승과 기어 다니는 동물 모양의 우상으로 바꾸어 버렸다. 하나님은 인간을 위하여 우상을 만들지 말 것을 말씀하셨다. 위로 하늘에 있는 새나 아래로 땅에 있는 짐승이나 땅 아래 물속에 있는 생물의 어떤 형상도 만들지 말 것(출20:4)을 명령하신 것이다. 그러나 하나님의 은혜를 떠나버린 불의는 하나님을 알면서도 말씀을 따르지 않고, 하나님의 영광이 되는 것을 거부한다.

:: 묵상 나눔

하나님의 진리는 모든 경건하지 않는 것과 불의를 거룩하게 하시고, 믿음을 소유하게 하십니다. 경건하지 않고 불의하다고 해서 영원히 어둠의 자리에 머무르지 않습니다. 존재하는 모든 영혼은 하나님의 영원하신 신성과 능력이 깃들여 있기 때문에 하나님께로 마음을 돌리기만 하면 거룩한 존재가 됩니다. 하나님과의 관계가 바로 서고, 긴밀하게 되는 것이 곧 경건한 자이고, 의로운 삶이 됩니다. 그러할 때 하나님의 지혜는 우리를 이끌어 주시고 하나님을 영화롭게 하는 삶을 바라도록 하십니다.

그런데 죄성을 가지고 있는 우리는 스스로 지혜로운 자라 생각을 합니다. 마음이 미련해져서 어두움 가운데 있다는 것을 인식하지 못합니다. 하나님을 속히 떠나고, 섬기는 것을 거부합니다. 피조물이 피조물을 섬기는 웃지 못 할 상황이 벌어집니다. 우리의 모습이 이러한데, 하나님은 여전히 사랑하십니다. 예수님의 피 흘리심이 모든 원칙을 무너뜨리고 신실하신 하나님의 통치 안으로 들어오도록 하십니다. 하나님의 사랑은 이러한데, 인간은 결코 만족할 수 없다고 말합니다.

만족할 수 없는 존재인데 만족을 느끼고 싶어 하니 썩어질 것들에 마음을 빼앗깁니다. 세상에서 만족을 찾으니 하나님께 감사할 수 없고, 영화롭게도 할 수 없습니다. 영혼의 갈증을 하나님의 은혜 안에서 찾으려하지 않고, 나의 힘으로 열심을 내고 있습니다. 하나님의 진노가 필요한 상황을 열심히 만들어 갑니다. 복음이 없는 진노는 멸망입니다. 그러나 복음 안에 나타난 진노는 생명입니다. 하나님의 진노는 우리를 죽이는 것이 아니요, 한없이 크고 넓은 자비로운 은혜를 누리도록 하기 위함입니다. 그러니 "하나님 감사합니다"고백하는 것이요, 오늘을 만족하는 이유입니다.

:: 기도 나눔

하나님 아버지, 모든 창조물을 통하여 하나님의 영원하신 능력과 신성이 보여 알게 하시니 감사합니다. 하나님을 향한 마음과 양심을 주셨으니 하나님의 뜻을 거부하지 않게 하옵소서. 영원을 사모하는 마음을 주셨으니 은혜의 영역을 벗어나지 않게 하옵소서. 오직 하나님을 영화롭게 하옵소서.

5. 1:24-32

하나님의 간섭

:: 말씀 나눔

'그러므로' 새로운 전환의 길목이다. 바울은 이제 스스로 지혜 있다고 생각하는 사람들, 하나님의 진리를 거짓 것으로 바꾸어 버린 사람들이 받게 될 심판으로 향한다. 우리의 하나님은 어떤 분이신가. 하나님은 만물을 창조하실 때에도, 복음을 계획하시고 완성하실 때에도 신실하심으로 이루셨다. 어느 한 순간도 하나님의 자비와 무관할 수 없다. 홀로 영광을 받으셔야 하는 하나님의 자리는 누구도, 무엇으로도 대체될 수 없다. 그런데 그런 하나님의 자리에 인간의 손으로 만들어진 우상이 자리하고 있다. 인간의 손으로 만든 피조물을 섬기는 것이 조물주 하나님을 섬기는 것보다 좋은 그들이다. 그들이 선택한 어리석은 행동은 살아계신 하나님을 경멸하는 것이다. 하나님으로 만족하지 못하고, 하나님으로부터 자유롭기를 원하는 어리석은 자들이다. 그러므로 하나님께서 그들을 마음의 정욕대로 더러움에 내버려 두신다. 하나님께서 내버려 두신다는 것은 더 이상의 어떤 간섭도 보호도 하지 않겠다는 것을 의미한다. 무엇으로도 하나님의 임재를 느낄 수 없는 단절된 삶을 살아가도록 눈길을 두지 않는 것이다.

인류는 하나님의 은혜로부터 벗어나 자기만의 공간을 만들어간다. 그러니 여자가 여자에게 발걸음을 하고, 남자가 남자에게 몸을 맡기는 부끄러운 행동을 한다. 이렇듯 순리대로 살아가지 않는 것은 하나님의 창조 질서를 인정하지 않는 것이요, 파괴하는 것이다. 하나님은 이런 동성애자들을 부끄러운 욕심에 내버려 두시는데, 하나님께서 내버려 두시는 것은 곧 심판의 일종인 방치다. 하나님의 방치는 깊은 절망으로의 여행이다. 당장은 즐거운 것 같으나 그 즐거움을 향하여 가면 갈수록 만나게 되는 것은 끝이 없는 미로일 뿐이다. 하나님께서 내버려두시니 달려가고 있는 그곳이 어떤 곳인지 전혀 깨달을 수 없다.

하나님은 마음에 하나님 두기를 싫어하는 자들에게 그 상실한 마음대로 내버려 두신다. 하나님의 세 번째 포기는 하나님과의 관계를 넘어서서 인간 사회에까지 영향을 미치는 죄악이다. 하나님으로부터의 일탈은 역시 그들로 합당하지 못한 일을 하게 하시는데, 먼저 인간 내면의 근본적인 죄로 불의, 추악, 탐욕, 악의가 있다. 다음은 인간의 마음을 황폐하게 하는 시기, 살인, 분쟁, 사기, 악독과 같은 죄다. 그리고 인간이 스스로를 높이고자 행하는 수군수군함, 비방, 하나님께서 미워하는 자, 교만, 자랑과 같은 죄가 있다. 마지막으로 악을 도모, 부모를 거역, 우매, 배약, 무정, 무자비와 같이 비인간적인 죄악 된 행동이다. 하나님의 의와 대립되는 잘못 된 행동은 영원한 사망에 이른다고 말씀하셨다. 그러나 하나님의 뜻을 알면서도 마음에 하나님 두기를 싫어한다. 하나님을 온전히 신뢰하지 못하는 그들은 합당하지 못한 일을 자기들만 행할 뿐 아니라 이런 일을 행하는 자들을 옳다고 긍정한다.

:: 묵상 나눔

하나님께서 오늘에 이르기까지의 인생을 간섭하지 않으셨다면 과연 어떠했을까 생각해봅니다. 물론 오늘의 시간이 항상 즐거운 것도 아니고, 감사로 일관되지는 않습니다. 때로는 한없이 후회되는 선택을 하기도 했고, 왜 그랬을까 하는 아쉬움 가득한 시간도 있습니다. 그런데 그 모든 시간을 하나님의 섭리로 들여다봅니다. 즉 하나님께서 간섭하셨던 시간이었다고 생각해봅니다. 비록 모든 것들에 만족하지 못하고, 완벽하게 살아내지 못했고, 때로는 눈물골짜기를 걷고 있지만 여전히 내 마음 중심에 하나님께서 살아계시기 때문입니다. 나의 믿음은...,

아픔 너머에서 하나님의 사랑을 고백하고, 힘겨운 시간 속에서도 하나님의 임재를 바라고 있으니 말입니다.

나를 향한 하나님의 간섭은 나를 위한 간섭이라는 것을 분명히 알고 있고 나를 내버려 두시지 않으셨다는 것을 확신하는 믿음입니다. 하나님께서 간섭하지 않는 삶은 마음의 정욕대로 더러움에 내버려 두시는 것입니다. 인생을 부끄러운 욕심에 내버려 두시며, 상실한 마음에 내버려 두신다고 하셨습니다. 그러니 하나님께서 내버려 두시는 것은 결국 나의 영혼이 멈추어 버리는 것이겠지요.

하나님께서 간섭하지 않는 삶은 영혼이 기뻐할 수 없는 광야와 같겠지요. 하나님은 우리의 부족함을 통하여 일하십니다. 나의 상황이나 조건, 부족함으로 주저앉지 않고 일어섰으면 좋겠습니다. 내가 할 수 없어 허우적대는 그 때 하나님은 가장 선한방법으로 일 하시니까요. 단지 하나님의 은혜 안에서 우리의 시간을 만나지 않으면 결코 그릇된 것을 깨달을 수 없다는 것을 잊지 않으면 좋겠습니다. 그래서 더욱 겸비한 삶의 자세만 있기를 바라봅니다.

:: 기도 나눔

하나님 아버지, 온갖 불경건의 삶에 내버려 두시는 인생이 되지 않기를 간절히 기도합니다. 하나님을 떠나 모든 불의를 따르는 삶이 되지 않기를 기도합니다. 비록 힘겨운 시간이라 해도 하나님의 간섭을 바라며 기도하오니, 가장 최상의 길을 향하여 걸어갈 수 있도록 도와주시옵소서.

6. 2:1-5

하나님의 인자하심 안에서

:: 말씀 나눔

하나님의 진리를 막고 온갖 불의와 불경건의 삶을 살아가고 있는 이방인, 그 대가는 하나님께로부터 내버려 둠을 당하는 심판이다. 하나님이 없는 시간, 어떤 방법으로도 간섭하지 않는 어둠의 밤을 살아간다. 이방인은 드러나게 죄를 지음으로 하나님을 거부하였으며, 합당하지 못한 일을 행하는 자들을 오히려 옳다고 한다. 이러한 이방인의 죄를 낱낱이 지적하며 그들이 받게 된 심판까지 설명한 바울은 이제 시선을 유대인에게 돌린다. 유대인은 하나님의 선민이라는 자부심과 종교적 우월감을 앞세워 이방인을 정죄하고 있다. 혹자는 유대인처럼 남을 판단하는 민족은 없을 것이라 말하기도 한다. 그렇다면 유대인은 하나님 앞에서 과연 인정받는 의인의 삶을 살아가고 있는가. 이 질문에 대한 답은 "남을 판단하는 사람아"이다. 그리고 연이어서 "남을 판단하는 그 행위를 너도 똑같이 행하고 있다"고 표현하고 있다.

남을 판단하면서 같은 일을 행하고 있는 유대인, 그들이 마음에 품고 있는 잘못 된 생각을 향하여 바울은 하나님의 심판은 누구에게도 편견이 없이 진리대로 이루어 질 것을 말한다. 하나님의 선민이기에 심판에서 제외될 것이라는 생각은 용납될 수 없다. 그렇게 된다면 신실하신 하나님의 진리는 결코 참 진리가 될 수 없다. 같은 일을 행하면서 남을 판단하는 거짓 된 자들을 심판하실 때 비로소 하나님의 진리가 증명이 된다. 하나님의 진노는 죄를 추궁하는 것에 목적이 있지 않다. 잘못된 것을 알려줌으로 죄를 깨달아 회개하고, 하나님의 통치 안에서 아름다운 인생이 되도록 하는 것이 목적이다.

하나님의 인자하심은 이스라엘 백성들과 내내 함께 하셨다. 하나님처럼 되고 싶어 선악과를 따먹었던 아담과 하와의 공간으로 찾아가신 하나님이다. 세상의 주인이 왔음에도 알아보지 못하는 세상이지만 그래도 예수님은 포기하지 않으시고 그런 시간 속으로 친히 오신다. 하나님과의 단절은 결코 생명과 의에 이를 수 없기에 십자가에서 죽으심으로 세상을 거룩하게 물들이신다. 우리의 예수님께서... 이것이 하나님의 인자하심이고, 용납하심이고, 길이 참으심이 풍성한 자비다.

하나님의 참아주시는 은혜는 정죄하고 판단하는 유대인이 죄를 깨닫고 회개할 기회를 주시기 위한 것이다. 그런데 유대인의 무지는 경솔함이 되어 하나님의 방향을 전혀 이해하지 못하고 오히려 길이 참으시는 은혜를 멸시한다. "너희가 누구를 희롱하느냐 누구를 향하여 입을 크게 벌리며 혀를 내미느냐"(사57:4)는 선지자의 외침처럼 그렇게 살아간다. 우리는... 하나님은 최후의 심판을 유보하시는데 여전히 마음이 강퍅한 채 고집을 피우는 자는 진노를 축적할 뿐이다. 그런 삶은 하나님의 의로우신 날, 예수님께서 재림하실 때 그 영광의 자리에 동참할 수 없다.

:: 묵상 나눔

하나님의 인자하심은 우리로 그 영광 앞에 설 수 있게 하시고, 하나님의 용납하심은 우리를 위한 예수님의 기도로 생명의 부요를 누리게 하시며, 하나님의 길이 참으심은 우리로 성령님이 간섭하시는 삶을 살게 합니다. 그러니 하나님의 인자하심과 용납하심과 길이 참으시는 은혜를 떠나서는 진정한 자유를 누릴 수 없는 우리입니다. 하나님으로부터만 얻을 수 있는 인자와 용납과 길이 참으시는 은혜는 우리의 마음이 하나님께로 향할 때만 가능합니다. 하나님의 인자하심 안에 있어야 내가 어떤 존재인지 알 수 있습니다. 우리는 하나님의 용납하시는 은혜 안에 있어야 그 크신 사랑을 깨달을 수 있습니다.

길이 참으시는 자비 속에 있어야 하나님의 능력이 왜 필요한지 알 수 있습니다. 하나님의 인자를 떠나니 누군가를 판단하고, 하나님의 용납하시는 은혜를 거스르니 누군가를 정죄하는 삶이 됩니다. 하나님의 길이 참으시는 자비와 함께 하지 않으니 나의 고집만 더해져서 회개하지 못하고 목이 곧은 인생이 됩니다. 나의 가난한 생각이 나를 보호하는 울타리가 될 수 있을 것이라 생각하고, 나의 가난한 행동이 나의 능력이 될 수 있다고 생각합니다. 그런데 그렇지 않습니다. 결코 그럴 수 없는 것은 우리는 그 무엇으로도 선한 것을 생산해낼 수 없는 그저 무익한 존재이기 때문입니다. 다만 우리가 할 수 있는 것은 하나님의 진노를 쌓음으로 내일의 희망을 기대할 수 없게 만들 뿐입니다.

나의 가난한 생각이 나를 주장하면 보이는 것들만 가지고 판단하게 됩니다. 나의 가난한 행동으로는 남을 정죄하게 됩니다. 누군가를 판단하는 그 자리에는 하나님의 인자하심도 용납하심도 길이 참으시는 선도 나타나날 수 없습니다. 그러니 판단하기 전에 나의 모습을 볼 수 있고, 정죄하기 전에 먼저 사랑으로 덧입혀지는 오늘이기를 간절히 바라봅니다.

:: 기도 나눔

하나님 아버지, 하나님의 인자하심을 고백하니 저의 영혼이 춤을 춥니다. 하나님의 용납하시는 은혜 안에 있으니 누군가를 아름다운 마음으로 바라볼 수 있게 됩니다. 하나님의 길이 참으시는 자비 안에 머무르니 나의 고집이 무너지고 사랑하는 영혼이 됩니다. 하나님 은혜에 감사합니다.

7. 2:6-11

각 사람의 영에는

:: 말씀 나눔

시내산에서 계약을 맺은 선민이요, 율법에 순종했다고 주장하는 유대인이다. 율법을 가지지 못했기에 하나님의 뜻에 순종할 수 없었다 주장하는 이방인이다. 그러나 그들의 소리는 하나님의 심판에 그 어떤 영향도 미치지 못한다. 하나님의 심판은 철저히 개인의 행위에 따라 보응하신다. 예수님은 “선한 일을 행한 자는 생명의 부활로 악한 일을 행한 자는 심판의 부활로 나오리라”(요 5:29), “인자가 아버지의 영광으로 그 천사들과 함께 오리니 그 때에 각 사람이 행한 대로 갚으리라”(마16:27) 하셨고, 다윗은 “주여 인자함은 주께 속하오니 주께서 각 사람이 행한 대로 갚으심이니이다”(시62:12)는 말씀을, 예레미야는 “그의 길과 그의 행위의 열매대로 보응하시나이다”(렘32:19) 기록하고 있다. 내가 하나님 앞에서 어떤 모습으로 서있는지, 마음의 중심이 심판의 기준이 된다. 하나님을 인정하지 않으면 내 삶의 중심은 내가 된다. 그러니 하나님을 떠난 삶이 되고, 하나님 두기를 싫어하는 마음이 곧 행위로 나타나게 된다.

절대적 진리이신 하나님을 믿는 믿음에는 선을 행하고자 하는 마음이 자동적으로 뒤따라오게 된다. 하나님께서 친히 인간의 몸으로 성육신하신 사건, 십자가에서의 죽음, 그리고 부활하신 영광이 나를 위한 사건이었음을 믿기 때문이다. 이 은혜가 선을 행하고자 하는 이유로 마음을 이끌어 간다. 구원이 하나님의 낮아지심에서 시작된 것이기에 선을 행하는 이유가 하나님께 있는 것이다. 하나님을 믿는 믿음으로 참아낼 수 있게 하고, 선을 행하고자 하는 움직임이 오히려 감사한 마음으로 가득하도록 한다.

바울은 "영광과 존귀와 썩지 아니함을 구하는 자"라는 표현을 사용한다. 영광도 존귀도 썩지 아니하는 영원한 것도 본질적으로 하나님께 속한 것이요, 하나님의 능력이다. 그러하기에 하나님께서 주실 때만 우리에게 영향력이 된다. 바울은 또한 악을 행하는 각 사람의 영에는 "환난과 곤고가 있으리라" 표현한다. '영'은 하나님과 동행이 가능하도록 한다. 영이 죽어버리면 인생은 하나님을 알 수 없고, 온전한 평안을 누릴 수 없다. 오직 환난과 곤고만 있을 뿐이다.

아담의 죄와 함께 찾아온 영의 죽음은 곧 하나님과의 단절이 있게 했고, 무엇으로도 만족하지 못하는 인생이 되게 한다. 그러니 당을 지어 진리를 따르는 자들을 오히려 곤고하게 하고, 불경건하고 불의한 자들에게는 그들의 행위가 옳다고 말한다. 하나님은 참고 선을 행하는 자들의 영에는 영광과 존귀와 평강이 있게 하시지만, 악을 행하는 각 사람의 영에는 썩어질 것들에 마음이 향하도록 내버려 두신다. 하나님의 심판은 세상에서 말하는 윤리와 도덕적인 차원에서 선언되는 것이 아니다. 하나님을 하나님으로 인정하지 않을 때 심판이 따라온다. 사람을 외모로 취하지 않으시는 하나님은 우리의 영이 살아있을 때 비로소 영광을 받으신다.

:: 묵상 나눔

하나님의 심판은 누구도 피할 수 없는... 모든 인생이 만나야 하는 사건입니다. 그런데 세상은 하나님의 심판을 알지도, 깨닫지도 못합니다. 하나님의 심판을 알 수 없는 세상은 하나님의 진노를 향하여 쉼 없이 달려가기만 합니다. 세상의 길은 기쁨을 주지 못하고 결코 만족할 수도 없는데, 여전히 희망을 기대하며 멈추지 않습니다. 하나님은 우리 인간을 창조하실 때 영과 혼과 육으로 창조하셨습니다. 우리 인간의 몸이 흙으로 구성이 되었지만 하나님께서 생기를 불어넣으심으로 생령/생명(창2:7)이 되었습니다. 하나님께서 주신 영은 우리 인간에게 영원을 사모하는 마음(전3:11)을 갖게 하십니다. 여기서 '영원'은 무한하여 셀 수 없는 영속성을 의미하는데, 영원은 하나님께 속하는 것이기 때문에 인간 스스로가 소유할 수 있는 것이 아닙니다. 하나님께서 인간으로 하여금 하나님의 영역인 영원에 대한 관심을 갖도록 허락하신 것입니다. 그 이유는 영원하신 하나님만 바라보고 살아가기를 원하시는 하나님의 뜻입니다. 하나님을 바라보며 살아갈 때 우리는 영광과 존귀와 평강으로 만족을 하게 됩니다. 진정한 만족은 하나님의 영이 우리를 지배할 때만 가능합니다. 하나님의 영이 죽어버리면 마음에 하나님 두기를 싫어합니다. 영혼의 만족은 오직 하나님께만 있는데, 하나님을 떠나버리니 만족할 수 없어 세상 속에서 만족을 얻고자 합니다. 하지만 그럴수록 만족을 얻는 것이 아니요, 바울이 말한 것처럼 그의 영에는 환난과 곤고만 지속될 뿐입니다. 하나님은 우리의 영을 살리기도 하시고, 죽이기도 하십니다. 하나님만 바람으로 우리의 영이 더욱 아름다운 찬양을 드리는 오늘이기를 기도합니다.

:: 기도 나눔

하나님 아버지, 하나님을 향하는 인생이 되기를 간절히 소망합니다. 성령님 제 마음에 임재 하셔서 세상을 향하는 걸음이 되지 않도록 도와주시옵소서. 주의 은혜의 영이 제 혼을 지배하셔서 깨달아 늘 감사하게 하시고, 제 몸을 주장하셔서 참고 선을 행하는 인생이 되도록 도와주시옵소서.

8. 2:12-16

기록된 율법도.. 마음의 율법도...

:: 말씀 나눔

율법 밖에는 이방인, 율법 안에는 유대인이 있다. 그렇다면 하나님의 심판은 과연 율법을 가지고 있지 않은 이방인과 율법을 가지고 있는 유대인을 동일선상에 두어야하는가. 율법을 가지고 있지 않는 이방인이지만 이 질문에 대한 바울의 답은 '그렇다' 이다. 이방인은 율법 없이 심판을 받게 되고, 유대인은 그들이 가지고 있는 율법으로 심판을 받게 된다. 물론 이방인은 하나님께 율법을 받지 못했다. 그러나 율법을 받지 않은 것으로 핑계할 수 없는 것은 창조 때부터 이미 인간의 내면에 양심이라는 마음의 율법을 심어두셨기 때문이다. 비록 모세의 율법은 가지고 있지 않지만 영적 율법(양심)이 그들의 내면에 살아있게 하셨다. 유대인은 모세의 율법을 가지고 있는 민족이다. 그들은 율법을 가지고 있다는 것과 회당에 모여 율법을 듣는 것에 만족하며 의로움을 내세웠다. 그러나 하나님은 율법을 듣는 것으로 의롭다 인정하시는 것이 아니요, 감사로 행할 때에 비로소 의로운 자라 인정하신다.

이방인에게는 모세의 율법이 주어지지 않았으나 본질적인 감각(본성)이 선과 악을 구분하게 한다. 이 본성은 모세의 율법이 없어도 그 율법이 요구하는 일들을 행하게 한다. 그러니 본성은 이방인에게 의로운 일을 행하도록 하는, 그러나 보이지는 않는 율법이 된다. 그 증거로 양심과 저들의 변론이 있다. 양심은 스스로의 깨달음에서 출발하여 선과 악을 인식하게 되고, 그 깨달음으로 마음에 감정이 일어나는 것이다. 양심이라는 의식을 통하여 이방인은 서로의 행위에 따라 옳고 그름의 생각을 나누며, 고발을 하고 변명을 하기도 한다. 이로써 본성은 결국 마음에 살아있는 율법이라는 것을 증명한다.

기록된 율법이든 마음의 율법이든 바울에게는 중요하지 않다. 인간은 알 수 없지만 사람들의 은밀한 것을 보시는 하나님께서 마지막 날에 각자의 그 모든 행위대로 밝히 드러내실 것이다. 중요한 것은 하나님과의 관계 속에서 내가 존재하는 이유를 고백하고 있는가이다. 하나님의 은혜 안에서 나를 발견할 때 비로소 인간은 도저히 하나님의 의에 다다를 수 없다는 것을 고백하게 된다. 그리고 복음만이 하나님의 심판을 간과할 수 있으며, 그 복음만이 구원에 이르게 할 수 있음을 고백하게 한다. 율법을 대체하는 복음에는 하나님의 의와 심판이 공존한다. 복음을 믿을 때 하나님의 의가 능력으로 나타나 의로운 자가 되는 것이고, 복음을 믿지 않는다면 하나님은 그 영혼을 내버려 두시기에 악한 자가 되는 것이다. 하나님은 예수 그리스도로 말미암아 심판 하신다. 심판의 기준은 오직 예수 그리스도일 뿐, 율법을 가진 자와 가지지 못한 현실이 적용되지 않는다. 하나님은 복음을 나타내심으로 그의 신실하심을 증명하셨고, 마지막 심판의 날에는 죄를 심판하심으로 복음을 영화롭게 하실 것이다.

:: 묵상 나눔

율법 안에 있는 유대인도, 본성으로 선악을 분별할 수 있는 이방인도 참으며 선을 행하는 삶을 살아내는 것이 그리 쉽지 않습니다. 유대인은 율법을 가지고 있으며, 듣고 지키는 것을 강조하여 의인이라 인정을 받고자 합니다. 그리고 본성으로 선악을 분별할 수 있는 이방인은 율법 밖에 있다는 이유를 들어 하나님의 심판을 면하고자 합니다. 그러나 율법이 유대인을 영화롭게 하지 못했고, 양심도 이방인을 영화롭게 하지 못합니다. 율법과 양심으로는 결코 선을 행할 수 있는 능력이 주어지지 않는다는 것을 깨달아 알게 할 뿐입니다.

우리 인생은 죄와 함께 하는 것이 자연스러워 무너지는 오늘을 의식하지 못합니다. 율법이 무엇을 말하고 있는지..., 무엇을 요구하고 있는지..., 관심 밖으로 놓아두면서 율법을 가지고 있다는 그 이유만으로 의인이라 말하는 답답함이 우리에게 있습니다. 나를 보지 못하는 교만입니다. 율법을 지키라 말씀하시는데 듣는 것으로 본분을 다한 것처럼 당당하게 얼굴을 드는 우리입니다. 이 또한 나의 시간을 정당화하는 교만입니다. 나를 위해서는 마음의 동요가 그렇게도 쉽게 일어나는데, 선한 일을 위해서는 참 둔해집니다. 나의 욕심을 이루기 위해서는 온 마음과 힘을 다해 참아내는데, 타인의 유익을 위해서는 조급하기가 그지없습니다.

나를 비추어야할 양심이 다른 사람의 행위에 거울이 되어 고발하며 미워합니다. 율법으로 현실을 이겨낼 힘이 없고, 본성으로도 선을 이룰 수 있는 힘이 우리에게는 전혀 없습니다. 그런데 복음이 우리의 부끄러운 모습에 빛이 되어 줍니다. 어둠을 거두시고 밝게 웃음 짓게 합니다. 나의 잘못을 그대로 아뢰게 하셔서 내면 깊은 곳까지 거룩한 빛으로 물들어 가게 하십니다.

:: 기도 나눔

하나님 아버지, 충성을 다하고 싶으나 능력이 없습니다. 마음을 다하는 열심을 드리지만 여전히 열매를 맺을 수 없는 인생입니다. 하나님의 자비하심으로 복음에 마음을 드리오니, 충성을 다할 때 능력이 나타나게 하시고, 열심을 다할 때 아름다운 열매를 맺을 수 있도록 도와주시옵소서.

9. 2:17-20

하나님을 자랑할 수 있도록 도우소서

:: 말씀 나눔

"유대인이라 불리는 네가....." 유대인들의 민족적 자만을 말하고 싶은 바울이다. '유대인'이라는 말은 '히브리인'이나 '이스라엘인'이라는 용어와는 그 역사가 다르며 의미도 차이가 있다. '유대인'이라는 용어는 모세의 율법을 중심으로 형성 된 종교 공동체로서, 하나님의 영광이나 명예가 그들의 시간과 공간안에 함께하고 있다는 것을 의미한다. '유대인'이라는 표현은 팔레스타인의 유대지역에 속하는 사람들을 지칭하는 것으로 처음에는 외국인에 의해 사용되었다. 그러다가 그들의 호칭, 즉 민족적 정체성으로 사용된 것은 마카비(마카비2서 2:21; 8:1; 14:38) 시대 이후라고 한다. 이때부터는 유대인의 종교적 정체성, 특히 율법과 전통적인 관습에 대한 충성과 자부심을 가지고 사용하는 그들의 이름이 된다. 전형적인 유대인, 즉 다른 민족과는 차별화 된 그들 나름대로의 의식 속에서 차별화 된 문화를 형성하며 살아간다. 이와는 다르게 '히브리인'이라는 용어는 아브라함 때부터 불리기 시작한 이름으로 언어 군(群)의 개념이 강조되고, '이스라엘'은 야곱 이후에 불린 이름으로 구속사적 개념을 강조한다.

바울은 그들의 호칭 유대인을 부르며 율법을 가진 자로서 누릴 수 있는 특권이 무엇인지 열거한다. 그들은 율법을 맡은 자로서..., 율법을 의지할 수 있으며, 하나님을 자랑할 수 있으며, 율법의 교훈을 받아 하나님의 뜻을 알 수 있다. 그들은 지극히 선한 것을 분간할 수 있으며, 맹인의 길을 인도할 수 있으며, 어둠에 있는 자들에게 빛이 될 수 있다. 또한 율법을 통하여 모든 지식과 진리의 근본을 터득하였으므로 어리석은 자의 교사가 될 수 있고, 어린 아이의 선생이 될 수도 있다.

그런데 그들은 율법을 부여받은 백성이기에 구원을 확증한 것으로 여기며, 이방인을 멸망의 백성으로 생각한다. 하나님의 영광을 자랑해야할 민족인데 가치가 없는 것들을 오히려 자랑하고 있다. 하나님께서 그들에게 무엇을 요구하시는지 헤아려 파악하고 있음에도 그저 자부심으로만 만족해 한다. 지극히 선한 것, 즉 아주 중요한 것을 분간할 수 있는 그들인데 하나님의 소중하고 가치 있는 것들이 그들의 관심이 되지 못한다. 하나님의 지혜와 진리를 가진 그들은 보지 못하여 허우적대는 자들의 바른 안내자가 되어야 하고, 어둠 속에서 헤매고 있는 자들에게는 빛으로 나올 수 있도록 손을 잡아주어야 했다. 어리석어 사려 깊지 못한 자들에게는 교훈하여 깨달을 수 있도록 잡아주어야 하며, 갓 태어난 아이와 같이 연약하고 미숙한 이들에게는 바른 스승이 되어 잘 성장할 수 있도록 도와주고 가르쳐야 하는 책임이 있다. 그런데 유대인은 이방인을 오히려 멸시하며 하나님의 뜻과는 무관한 방향을 선택한다. '유대인'이라는 이름 자체를 자랑스러워하며 하나님의 이름을 모독하는 결과만 남게 한다.

:: 묵상 나눔

하나님의 지팡이와 함께 했던 모세는 우리의 연수가 칠십이요 강건하면 팔십이라도 그 연수의 자랑은 수고와 슬픔뿐이라고 합니다. 그리 길지 않는 연수, 짧은 듯 느껴지는 인생이 결코 녹록하지 않았던 것이겠지요. 하나님의 지팡이를 맡은 자가 되었으니 모든 순간에 최선을 다하지만 특별히 이스라엘 백성들의 끊이지 않는 원망과 불평 속에서는 더욱 하나님을 자랑하는 모세입니다. 하나님의 신실하심을 알고 있으니 그럴 수밖에 없겠지요.

하나님의 지팡이를 든 모세는 지극히 선한 것들을 분간할 줄 알아

한 치 앞을 알지 못해 아우성대는 이스라엘 백성들의 마음을 다독여줍니다. 또한 어둠의 끝이 어떻게 되는지도 깨달아 알게 하여 바른 길로 돌아서도록 합니다. 영적 지도자로서 어리석고 어린 아이와 같은 이들에게는 지면의 모든 사람보다 더한 온유함으로 다가갑니다. 그들로 하나님을 두려워하되, 하나님이 사랑하는 자녀인 것을 잊지 않도록 합니다. 그렇게 살아 온 모세의 고백 속 인생은 날아가는 것 같은 짧은 인생이고, 그 시간은 수고와 슬픔이라고 고백합니다. 하나님의 지팡이를 들었기에 이겨내야 하고 참아 내야 하는 모든 시간이 결코 만만하지 않았겠지요.

하나님을 자랑하는 삶도, 하나님의 뜻을 알고 선한 것을 분간하는 삶도, 맹인의 길을 인도하며 어둠에 있는 자의 빛이 되는 삶도, 어리석은 자와 어린아이의 선생이 되는 삶도 그리 쉽지 않습니다. 때로 이겨내야 하는 수고와 슬픔 앞에 무릎을 꿇기도 합니다. 그렇게 연약한 우리지만 하나님의 자녀로 특권을 가진 자들입니다. 모든 시간을 완벽하게 살아내지 못하지만 언제나 하나님의 은혜 앞으로 나갈 수 있는 우리입니다.

:: 기도 나눔

하나님 아버지, 하나님의 뜻을 알아 지극히 선한 것을 분간하며, 하나님을 자랑하는 삶을 살아내기를 소망합니다. 한 치 앞을 모르는 인생이기에 힘겨워하고, 빛으로 나오지 못하는 이들에게 생명의 손길을 내밀 수 있기를 소망합니다. 성령님의 도우심으로 감당할 수 있는 지혜를 주시옵소서.

10. 2:20-29

마음의 할례

:: 말씀 나눔

"그러면..." 지금까지 유대인의 특권을 나열한 후 새롭게 시작되는 흐름이다. 그들이 율법을 가지고 있는 이유는 율법 없는 이방인을 가르치기 위한 하나님의 뜻이었다. 그러나 그들의 민족까지도 가르치지 않고 있으니, 율법을 가지고 있는 이유가 무엇인지 알고자 하지 않는다. 이스라엘은 포로기 이후 성전이 무너지면서 회당이 세워진다. 바리새인은 회당에 모여 율법 가르치는 일을 멈추지 않았다. 기원전 2세기 이래로 바리새인의 가르침과 훈계에 대한 열정은 더하여진다. 그런데 도둑질하지 말라 말하는 그들이 도둑질을 하고, 간음하지 말라 말하면서 그들이 간음한다. 우상을 가증히 여긴다고 말하면서 신전물건을 도둑질(요세푸스의 기록에 의하면 당시 로마에서 한 유대인이 성전에 보낼 기금과 헌물을 횡령한 사건이 있었다고 함) 한다. 이렇게 모순된 삶을 사는 것은 율법을 어기는 것이요, 곧 하나님의 이름을 욕되게 하는 것이다. 유대인의 이런 삶은 이방인으로 하여금 하나님의 이름이 모욕을 받게 한다.

할례는 아브라함의 역사로 거슬러 올라간다. 하나님의 고향과 친척과 아버지의 집을 떠나라는 명령에 순종한 아브라함이다. 하나님은 믿음으로 순종한 아브라함에게 "하나님이 또 아브라함에게 이르시되 그런즉 너는 내 언약을 지키고 네 후손도 대대로 지키라 너희 중 남자는 다 할례를 받으라 이것이 나와 너희와 너희 후손 사이에 지킬 내 언약이라"(창17:9-10) 말씀하셨다. 하나님의 언약인 할례는 유대인들에게 있어 하나님의 백성이요, 율법을 소유한 선민이라는 자의식을 갖게 했다. 그러므로 내적인 율법과 외적 표지인 할례는 불가분의 관계가 된다. 그러나 유대인이 율법을 행하면 할례도 의미가 있지만 율법을 행하지 않는다면 할례도 또한 무할례가 되어 의미가 부여되지 않는다. 동일하게 이방인이 본성에 따라 율법을 지킨다면 할례를 받지 않았다하더라도 할례를 받은자로 여겨지게 된다.

표면적 유대인이 진정한 유대인이 아니요 표면적 육신의 할례가 진정한 할례가 아니다. 오직 이면적 유대인이 되어야 하고 할례는 마음에 해야 한다. 그래야 하나님께서 인정하시는 진정한 유대인이 된다. 그렇다면 마음의 할례가 무엇인가. 하나님은 선지자들을 통하여 "네 하나님 여호와께서 네 마음과 네 자손의 마음에 할례를 베푸사 너로 마음을 다하며 뜻을 다하여 네 하나님 여호와를 사랑하게 하사"(신30:6), "유다인과 예루살렘 주민들아 너희는 스스로 할례를 행하여 너희 마음 가죽을 베고 나 여호와께 속하라"(렘4:4) 말씀하신다. 즉 마음의 할례는 내면에 새로운 변화를 말한다. 나를 사랑하던 삶에서 하나님을 사랑하는 인생이 되는 것이다. 나의 만족을 위해 가졌던 생각과 행동이 이제는 하나님을 위한 생각과 행동으로 변하는 것이다. 나의 생각이 온전히 하나님을 향하는 것이 마음의 할례다.

:: 묵상 나눔

어느 날 하나님께서 아브라함을 찾아오셔서 부르시더니 익숙한 삶의 자리를 떠나라 하십니다. 하나님의 말씀에 순종하여 고향과 친척과 아버지의 집을 떠나는 아브라함입니다. 하나님을 향한 사랑이나 믿음에서 시작 된 것이 아닌 오직 하나님의 주권에 이끌려 그의 길을 가고 있는 아브라함입니다. 시간이 또 흘러 아브라함을 찾아오신 하나님은 할례를 행하라 명령하십니다. 하나님의 명령에 역시 그대로 순종하는 아브라함입니다.

어느 날은 하나님께서 아브라함을 찾아오셔서 "아들을 낳아 주겠다" 말씀하십니다. 지금까지 너무나 간절했던 아브라함의 소원입니다. 그러나 하나님의 말씀에 현실을 비추어 불가능을 생각하는 그의 믿음입니다. 그러던 그가 하나님을 경험하는 시간을 걷고 또 걸어가면서 이제는 부끄러움이 없는 온전한 믿음을 드리는 역사 속으로 옮겨집니다. 그는 마침내 아들 이삭이 하나님의 소유인 것을 행함으로 보여줍니다.

늘 제자리에만 머무르는 듯 서성이던 아브라함이 하나님의 시간 안에서 그렇게 변해갑니다. 우리의 시간도 하나님을 경험하고 또 경험하면서, 조금씩 아주 조금씩 하나님의 사람이 되어갑니다. 하나님은 우리의 시간 속에서 함께 하기를 원하시고, 마음도 생각도 부요한 자들이 되기를 바라십니다. 그런데 우리는 작은 울타리 안에서 소소한 것들에 만족하고자 합니다. 그러니 어떻게 행함이 있는 믿음이 될 수 있을까 생각해봅니다. 하나님의 영이 함께 하지 않으면 무엇도 할 수 없는 우리입니다. 하나님을 경험하지 않으면 작기만 한 나의 모습만 볼 수 있습니다. 그러니 말씀을 가지고 있다는 것에 만족하지 않고 하나님의 임재 안에서 말씀을 해석하고, 예배하는 우리가 되기를 소망해봅니다.

:: 기도 나눔

하나님 아버지, 말씀을 묵상할 때 성령님의 능력으로 가득하게 하시어 제 자신을 이겨내는 삶이 되도록 도와주시옵소서. 행함이 없는 믿음이 되지 않도록 성령님 도와주시옵소서. 겉으로 나타나는 행위들에 만족해하거나 교만하지 않도록 도와주옵소서. 하나님으로 만족하는 오늘이 되게 하소서.

11. 3:1-8

하나님의 절대선

:: 말씀 나눔

하나님의 영을 경험하지 못하는 삶, 이면적 유대인이 되지 못하는 유대인의 현실이다. 그들은 선민으로 율법을 받았고, 할례를 행하고 있으며, 제사제도를 가지고 있다. 그러니 이방인과는 다르게 하나님의 심판이 있을 수 없다는 것을 당연한 것으로 생각했다. 이방인과 구별된 민족으로 그들이 가진 조건은 심판을 면하기에 충분하다는 것이다. 너무나 깊이 뿌리내려진 그들만의 문화를 향하여 바울이 외치는 것은 마음의 할례가 일어나지 않는다면 누구도 하나님의 심판을 피해갈 수 없다는 것이다. 하나님을 그들의 문화 속에서 해석하는 것이 아닌, 하나님의 마음을 알아 함께 호흡하며 동행하는 삶이어야 한다. 그런데 그들에게 주어진 특권에만 집중할 뿐이다. 새로운 변화를 전혀 인정하려 하지 않는 그들에게 더욱 강하게 외치는 것은 결국 선민의 신분으로 하나님의 심판대 앞에 서야한다는 것이다.

이방인과는 달리 특별한 유익을 누리지 못하는 유대인이라면 굳이 선민이라는 신분이 무슨 유익이 있겠는가. 유대인의 특권이 과연 무엇이며, 할례는 어떤 유익을 줄 수 있는가... 바울은 질문을 던지며 동시에 답을 준다. 유대인은 범사에 많은 유익이 있으나, 우선 하나님의 말씀을 기록하고 보존할 책임이 맡겨졌다고 말한다. 하나님의 말씀을 맡았다는 것은 곧 하나님을 더 깊이 알 수 있는 특권이 주어진 것이다. 그들을 만나주신 사건, 선지자가 되게 하시어 하나님의 뜻을 알려주신 은혜, 그리스도를 보내주시겠다는 아름다운 약속이 말씀 안에 있다. 유한한 존재가 감히 영원한 무한의 세계를 여행할 수 있게 된 것이다. 그런데 하나님의 말씀을 맡아 특권을 가진 그들 가운데 신실하지 못한 이들이 있다. 그렇다면 신실하지 못한 그들 때문에 하나님의 신실하심을 거두어 가시는가. 그럴 수 없다. 인간은 거짓되지만 하나님은 참되시기 때문에 약속하신 것을 반드시 지키신다. 하나님은 비록 믿지 않는 자들에게 거부를 당하신다 해도 언제나처럼 변함없이 그 뜻을 이루어 하나님의 신실하심을 증명하신다.

인간의 불의를 심판하심으로 하나님의 신실하심을 드러냈다면, 인간의 불의는 상급이 되고 하나님의 진노는 불의하다고 말해야하는가. 바울은 궤변을 좋아하는 유대인의 질의를 먼저 설정하여 놓은 후 결코 그럴 수 없다는 것을 강조한다. 만일 하나님께서 불의하시다면 세상을 어떻게 심판할 수 있겠는가. 나(모든 사람)의 거짓말로 하나님의 참되심이 풍성하여 질 수 없으며, 우리 불의가 하나님의 의를 영광이 되게 할 수 없다. 하나님의 선을 나타내기 위하여 악을 행하자는 것은 하나님을 비방하는 결과를 초래할 뿐이다. 과연 하나님이 어떤 분이신지 알지 못하는 무지로부터 출발한 발상일 뿐이다. 바울은 하나님의 신실하심이 모든 불의한 자들을 정죄 하는 것은 마땅하다고 결론한다.

:: 묵상 나눔

어떤 경우에서도 변함없이 선한 것을 절대선이라 합니다. 싸늘하게 불어오는 공기에서도, 무겁게 억누르는 시간에서도 일관되게 선을 행하는 것입니다. 빛과 어둠이 공존하는 세상에 절대선은 과연 존재할 수 있을까 생각해봅니다. 하나님의 손으로 창조된 자연이 그러할 수 있을까요. 아니면 하나님의 형상을 따라 하나님의 모양으로 창조된 인간이 그러할 수 있을까요.

자연은 하나님의 섭리 속에서만 때를 따라 역사합니다. 자연 법칙에 고유한 힘이 있어 운행되는 것이 아닌, 오직 하나님께서 정하신 원칙

안에서 질서 있게 운행되어질 뿐입니다. 그러니 더없이 아름다운 자연이지만 절대선이라 할 수 없습니다. 자연과는 다르게 자유의지를 소유한 인간의 세계를 봅니다. 자유의지는 불의한 방법으로 이익을 추구하고, 어리석음을 미화시키고, 갈등을 고조시킵니다. 사소한 것에서 미움을 키우고, 탐욕과 교만은 미련할 정도로 세상을 어지럽게 합니다. 아주 자랑스럽게... 그러니 세상은 절대선이 결코 존재할 수 없겠지요.

하나님의 세계를 그려봅니다. 그곳은 끝까지 참으시는 은혜가 있고, 용서하시는 자비가 있고, 누구에게나 두 팔을 벌리시는 인애가 있습니다. 우리가 하나님의 절대 선하심을 이해하지 못해도, 그 진리를 온전히 따르지 못해도 문제 되지 않습니다. 하나님의 은혜와 자비, 그리고 인애는 여전히 살아있어 아름답기만 합니다. 이스라엘 백성이 하나님의 말씀을 지켜내지 못하고 실패한 것처럼 오늘을 살아가는 우리도 여전히 실패합니다. 그럼에도 불구하고 하나님은 여전히 그 자리에서 일하십니다. 사랑의 메시지로 우리의 마음을 녹이시며, 때로는 사랑의 채찍으로 우리를 지키십니다.

:: 기도 나눔

하나님 아버지, 세상에서 만족을 찾고자 하니 하나님의 말씀을 지켜내지 못합니다. 저의 자유의지는 참으로 내일을 기대할 수 없도록 낙심하게 합니다. 그러나 하나님의 절대선은 싸늘한 공기를 따뜻하게 하시고, 무겁기만 한 시야를 아름다운 빛으로 채우십니다. 하나님 은혜를 감사합니다.

12. 3:9-18

의인은 없나니 하나도 없다

:: 말씀 나눔

이방인의 죄를 지적한 후 유대인의 죄를 언급하는 바울은, 그러면 우리 유대인이 이방인보다 나은가 자문한다. 그리고 '그럴 수 없다'는 답을 한다. 유대인이나 이방인이나 모두 죄 아래 있다는 것을 이미 말하였다(롬1:18-2:24). 성경은 "사람이 어찌 하나님보다 의롭겠느냐 사람이 어찌 그 창조하신 이보다 깨끗하겠느냐"(욥4:17), "어리석은 자는 그의 마음에 이르기를 하나님이 없다 하는도다 그들은 부패하고 그 행실이 가증하니 선을 행하는 자가 없도다 여호와께서 하늘에서 인생을 굽어살피사 지각이 있어 하나님을 찾는 자가 있는가 보려 하신즉 다 치우쳐 함께 더러운 자가 되고 선을 행하는 자가 없으니 하나도 없도다"(시14:1-3, 53:1-3) 기록한다. 죄의 사슬에 매여 허우적대는 우리 인생을 바라보시는 하나님의 답은 '의인은 없나니 하나도 없다'는 것이다. 하나님을 깨닫는 자도 없고 찾는 자도 없다. 모두가 하나님의 뜻을 저버리고 무익한 존재가 되어 선한 일을 분별하는 사람은 한 사람도 없다.

의인이라고는 전혀 없는 세상, 오고오는 모든 세대가 죄로 가득한 세상이다. 하나님을 전혀 찾지 않는 세상을 향해 구약을 인용한다. 13절a "그들의 입에 신실함이 없고 그들의 심중이 심히 악하며 그들의 목구멍은 열린 무덤 같고 그들의 혀로는 아첨하나이다"(시5:9), 13절b "뱀 같이 그 혀를 날카롭게 하니 그 입술 아래에는 독사의 독이 있나이다"(시140:3), 14절 "그의 입에는 저주와 거짓과 포악이 충만하며 그의 혀 밑에는 잔해와 죄악이 있나이다"(시

10:7), 15절 "그 발은 행악하기에 빠르고 무죄한 피를 흘리기에 신속하며 그 생각은 악한 생각이라 황폐와 파멸이 그 길에 있으며"(사59:7), 18절 "악인의 죄가 그의 마음속으로 이르기를 그의 눈에는 하나님을 두려워하는 빛이 없다 하니"(시36:1)

무덤 안에는 썩는 냄새가 가득하다. 그런 무덤이 열려 있다는 것은 곧 사람의 마음에 감추어져 있는 온갖 더러운 악이 입을 통해 나오는 것을 의미한다. 혀로 속이는 것은 거짓으로 다른 사람을 속이는 죄악이며, 독사의 독은 남을 해치고 죽음에까지 이르게 하는 것을 말한다. 발은 피 흘리는데 빠르다고 말하고 있다. 이 말씀이 의미하는 것은 곧 행동으로 짓는 죄를 지적하여 말하는 것이다. 이렇게 하나님을 두려워하지 않는 인생은 곧 파멸과 고생이 그 길에 대가로 나타나게 될 것이다. 평강의 길을 알 수 없어 시비와 다툼으로 일관된 삶을 살아갈 수밖에 없다. 죄인은 스스로에게 황폐한 인생이 되게 하고, 이웃과는 소통이 되지 못하는 인생이 되도록 한다. 바울은 하나님의 말씀을 인용하여 우리 인간의 죄성을 여과 없이 보여줌으로 죄 아래 있다는 것을 모두가 인정할 수밖에 없도록 한다. 모든 인류가 어떤 상황에 놓여 있는지, 우리 인생은 왜 죄인일 수밖에 없는지 말씀을 통하여 누구도 변명하지 못하도록 한다.

:: 묵상 나눔

어느 누구도 하나님을 두려워하지 않는 세상입니다. 그러니 누구도 의로울 수 없고, 누구도 깨달을 수 없는 세상입니다. 어느 누구도 하나님을 찾지 않기 때문에 모두가 악한 일에 하나가 되어 무익한 존재가 되어버립니다. 누구도 선을 행하려는 마음을 갖지 못합니다. 누구도 하나님을 찾으려 하지 않으니 목구멍은 열린 무덤이 되어 악한 언어들로 이웃들의 마음을 곤고하게 합니다. 속이는 혀와 입술에 품은 독, 입에 가득한 저주와 악독은 아픈 사람의 마음을 죽음에 이르기까지 비참해지도록 합니다. 그들의 발은 피 흘리는데 아주 빠르게 행동하여 희망이 없는 세상을 더욱 어두운 세상이 되게 합니다.

이렇게 죄성이 가득한 육체는 다른 이들의 삶을 파국에 이르게 하는 것으로 그치지 않습니다. 서로가 서로에게 파멸과 고생이 되어 결국 모두가 평안을 잃어버리게 합니다. 하나님을 찾고 깨닫는 삶이 된다면 어떻게 될까요. 우리는 악취로 가득한 목구멍을 닫을 수 있고, 혀와 입술, 입에는 하나님의 언어로 가득하게 됩니다. 생명의 언어, 살리는 언어가 되어 피 흘리는데 바쁜 인생이 되지 않고 오히려 평강의 길을 향할 수 있도록 합니다. 파멸과 고생의 길을 향하여 달려가는 이웃의 걸음을 멈출 수 있도록 하고, 마음속 가득히 아름다운 풍경을 그릴 수 있게도 합니다. 의인은 없나니 하나도 없는 세상이지만, 희망의 싹을 틔울 수 없는 인생이지만, 하나님의 신실하심은 우리로 그의 영광을 찬송할 수 있도록 하십니다. 하나님의 절대 선하심은 우리를 버리는 것이 아니요, 새로운 존재가 되게 하시니 희망이 될 뿐입니다. 하나님의 뜻을 다 알 수 없어 희망보다는 절망이 익숙한 우리이지만 그분의 은혜는 언제나 희망을 노래하도록 하십니다.

:: 기도 나눔

하나님 아버지, 의인은 없나니 하나도 없다는 말씀 앞에 조용히 머리 숙입니다. 하나님을 찾는 자도 없고, 깨닫는 자도 없다는 말씀 앞에 간절히 기도합니다. 성령님의 도우심으로 오늘을 살아가오니 하나님을 찾는 오늘이 되게 하시고, 그 뜻을 깨달아 의인의 삶을 살아내도록 도와주시옵소서.

13. 3:19-24

차별이 없는 하나님의 의

:: 말씀 나눔

예수님을 찾아 온 한 율법사가 "율법 중에서 어느 계명이 크니이까" 묻는다. 예수님은 그의 물음에 "첫째는 네 마음을 다하고 목숨을 다하고 뜻을 다하여 주 너의 하나님을 사랑하라 둘째도 그와 같으니 네 이웃을 네 몸과 같이 사랑하라" 즉 하나님을 사랑하고 이웃을 사랑하라는 것이다. 그러나 하나님을 찾지 않으니 하나님을 사랑할 수 없고, 이웃에게는 저주와 악독이 가득한 언어와 피 흘리는 데 빠른 걸음이 된다. 이로써 율법이 요구하는 명령을 온전히 순종한다는 것이 현실적으로 불가능하다는 것을 인식하게 한다. 율법은 행위를 이끌어 내어 사람을 의롭게 할 수 있는 힘이 없다. 변명할 수 없게 하고, 모두가 심판 아래 있다는 것을 증명하게 함으로 죄를 깨닫게 할 뿐이다. 율법에 기록된 말씀은 율법 아래 살아가는 모든 사람들을 향하여 누구도 하나님 앞에서 죄인인 것을 부정하지 못하도록 한다. 어떤 육체도 율법의 행위로는 하나님 앞에서 의롭다고 인정할 수 없다는 것을 알게 한다.

"그러나 이제는…" 상황을 변화시키는 새로운 전환점으로 "율법 외에", "하나님의 의"가 나타났다. 즉 행위를 요구하였던 율법과는 다른 믿음의 '의'가 허락된 것이다. 하나님의 의는 불의하고 불경건한 자를 의롭게 하여 구원에 이르게 하는 예수 그리스도, 그의 복음이다. 구약성경(율법과 선지자)을 통하여 이미 말씀하셨던 하나님의 약속이 역사 속에서 성취됨으로 새로운 역사, 희망을 노래하게 하신 것이다. 새로운 존재로의 전환을 가지고 온 것이다. "우리는 다 양 같아서 그릇 행하여 각기 제 길로 갔거늘 여호와께서는 우리 모두의 죄악을 그에게 담당시키셨도다"(사53:6), "그에 대하여 모든 선지자도 증언하되 그를 믿는 사람들이 다 그의 이름을 힘입어 죄 사함을 받는다 하였느니라"(행10:43). 말씀은 예수 그리스도로 말미암은 새로운 의가 하나님의 목적이었다는 것을 계속하여 증언하였다. 그리고 증언하신 대로 하나님은 그 약속을 완벽하게 이루어 주셨다. 하나님의 의가 나타났다는 것은 하나님의 구원이 성취되었음을 의미한다. 이제는 예수 그리스도를 믿는 믿음으로 의롭다 인정을 받게 되었는데, 이 은혜는 유대인과 이방인 모두에게 차별이 없다.

하나님의 영광은 이스라엘 백성의 삶의 자리에 언제나 임재하셨다. 하나님의 임재는 선민 이스라엘 백성과의 교제가 모든 시간 가능하도록 했다. 이로써 하나님의 영광은 곧 이스라엘 백성의 영광이요, 이스라엘 백성의 영광은 곧 하나님의 영광이 되었다. 그러나 하나님을 떠나 죄 가운데 있는 인생들이다. 이에 하나님의 영광에 이르지 못하게 되었고, 그 결과는 하나님과의 관계가 단절되게 했다. 그러나 하나님의 사랑은 복음이 되어 예수님 안에 있는 영생을 주심으로 값없이 의롭게 되도록 하셨다. 다시 하나님과 교제가 회복되도록 하셨다.

:: 묵상 나눔

역사는 시간 속에서 일어난 일들입니다. 현실이라는 시간과 공간 안에서 일어난 사건들은 누구도 번복할 수 없고, 지울 수도 없습니다. 율법을 지켜내지 못해 하나님의 영광이 되지 못한 역사도 지울 수 없고, 그렇다고해서 그 시간을 되돌릴 수도 없습니다. 가슴시리도록 후회하며, 그 깊이 만큼의 아픈 마음을 이겨내야만 합니다. 눈물겨운 역사가 되겠지요. 그런데 그렇게 가슴시린 후회와 아픔의 시간을 걸어왔음에도 여전히 올바른 길을 선택 하지 못하는 우리들의 시간을 보게 됩니다. 그러니 아픔은 여전히 계속되고, 어떤 의미도 부여하지 못합니다.

때로는 번복하고 싶고, 되돌려 놓고 싶은 마음이 드는 것... 이것이 우리 인생의 반복되는 역사가 아닌가 생각해 봅니다.

하나님은 아담으로부터 시작된 인생을 보시면서 마음으로 생각하는 모든 계획이 항상 악할 뿐이라고 말씀 하셨습니다. 사람 지으신 것을 한탄하실 정도로 말입니다. 인간으로부터 시작된 죄악이 세상을 아프게 하고, 이웃을 곤고하게 하고, 자신의 삶까지도 기쁨이 사라지게 합니다. 인간의 힘으로는 도저히 회복할 수 없는 역사로 점철되어만 가도록합니다. 다윗은 참회시(143:2)에서 "의로운 인생이 하나도 없나니"라고 기록하고, 바울은 "의롭다 하심을 얻은 육체가 없나니"라고 기록합니다.

'육체'는 연약성과 부패성을 가진 인간, 하나님께 마음을 두는 것보다 현실에 매여 있는 것이 좋은 인간, 이 세상의 가치에 의미를 두고 살아가는 인간을 말합니다. 마지막까지 어떤 소망도 기대할 수 없는 어리석음 그 자체입니다. 그런데 하나님의 사랑은 이런 인생의 모든 무가치한 것들을 버리지도, 외면하지도 않으십니다. 기쁨이 없는 역사, 감사가 없는 역사, 그래서 의미가 없고 무가치한 역사를 있는 그대로 품어주십니다. 그 어떤 조건 없이....

:: 기도 나눔

하나님 아버지, 너무나 큰 감사가 우리 인생 중심에 있어, 그 은혜로 오늘을 만나게 되는데 아주 작은 일에 기쁨이 감추어져 버립니다. 오늘 하루 참 소중한 시간인데, 마음이 춤을 추지 못하니 그저 그렇게 살아갑니다. 하나님을 아는 만큼 감사하게 하시고 깨달은 만큼 찬양하게 하옵소서.

14. 3:25-31

화목제물 예수님으로

:: 말씀 나눔

하나님은 그리스도 예수 안에 있는 복음을 통하여 죄로부터 자유하게 하시고, 하나님과 올바른 관계가 형성 되도록 은혜를 베풀어주셨다. 하나님은 이 은혜를 위해 예수님의 피로 화목제물이 되게 하셨다. 여기서 '화목제물'은 '속죄의 제물' 또는 '속죄의 장소(속죄소)'를 의미한다. '속죄'에 해당하는 그리스어 낱말은 지성소 안에 있는 언약궤 위의 속죄소를 가리키기도 한다. 속죄소는 시은좌(mercy seat)라고도 하는데, 시은좌는 '은혜를 베푸는 자리'를 의미한다. "그는 또 수송아지의 피를 가져다가 손가락으로 속죄소 동쪽에 뿌리고 또 손가락으로 그 피를 속죄소 앞에 일곱 번 뿌릴 것이며 또 백성을 위한 속죄제 염소를 잡아 그 피를 가지고 휘장 안에 들어가서 그 수송아지 피로 행함 같이 그 피로 행하여 속죄소 위와 속죄소 앞에 뿌릴지니 곧 이스라엘 자손의 부정과 그들이 범한 모든 죄로 말미암아 지성소를 위하여 속죄하고 또 그들의 부정한 중에 있는 회막을 위하여 그같이 할 것이요"(레16:14-16).

'속죄소'는 속죄일이 되면 해마다 대제사장이 속죄의 피를 붓는 곳이며, 이 의식을 통해 이스라엘 백성은 죄를 용서받게 된다. 이는 오실 그리스도의 그림자로서, 그리스도 안에서 성도들이 하나님께 나아가는 것을 예표한 것이다. 우리와 만나기를 원하시는 하나님은 예수님의 목숨, 그 피의 제물을 통해 우리의 죄를 용서해 주셨다. 이 은혜의 사건을 통하여 하나님은 하나님의 의를 나타내시고, 예수님을 믿는 모든 자들을 또한 의롭다고 인정해 주신 것이다. 오직 예수 그리스도의 보혈로...

"그런즉 자랑할 데가 어디냐..." 우리는 자랑할 것이 무엇도 없다. 율법으로도 의롭게 될 수 없고, 행위로도 의롭게 될 수 없으며, 오직 예수 그리스도를 믿는 믿음의 법으로만 의롭게 될 수 있다. "사람이 의롭게 되는 것은 율법의 행위로 말미암음이 아니요 오직 예수 그리스도를 믿음으로 말미암는 줄 알므로 우리도 그리스도 예수를 믿나니 이는 우리가 율법의 행위로써가 아니고 그리스도를 믿음으로써 의롭다 함을 얻으려 함이라 율법의 행위로써는 의롭다 함을 얻을 육체가 없느니라"(갈2:16).

하나님은 세계 모든 민족의 하나님이요, 모든 육체가 하나님께 속해 있다. 그러나 유대인은 언약 백성이라는 특권 속에서 그들만의 하나님이라 외친다. 유대인들의 닫혀있는 사고는 하나님의 뜻을 위하여 한걸음 나가지 못하도록 한다. 그런 그들에게 이방인의 하나님도 되신다는 것을 강조한다. 율법을 추구해서는 율법의 목표가 되는 의에 이르지 못한다. 성도는 오직 믿음으로 의롭게 될 수 있고, 지속하여 의로운 삶을 살아갈 수 있다.

:: 묵상 나눔

오늘을 살아가면서 '대가'라는 단어만큼 피부에 와 닿는 표현도 없겠다 생각해봅니다. 어떤 일을 계획하고 진행하는 과정에서 온 마음과 힘을 다한 후, 그 대가를 기다릴 때는 정말이지 마음이 행복한 설렘으로 가득하게 됩니다. 물론 어떤 대가를 바라고 선한 일을 하는 것은 아니지만, 그래도 누군가가 수고를 알아주면 우리 입가에는 어느새 기쁨의 미소가 맴돌고 있는 것을 느끼게 됩니다. 그런데 이 '대가'라는 단어는 꼭 좋은 일에만 적용되지는 않습니다. 우리의 선택이 전혀 예상하지 못한 결과를 가지고 올 때, 우리는 선택에 대한 대가를 치러야할 때가 있습니다. 그런 일들로 고통스럽고, 아프기만 한 시간 속에 갇히게 될 때도 있습니다.

선악과를 따먹은 아담, 그의 죄에 대한 대가는 온 세상이 어둠에 잠기는 것이었습니다. 아담은 선악과를 따먹고 싶다는 유혹 앞에서, 본인이 선악과를 따먹으면 어떠한 대가를 치러야 하는지 과연 상상이나 했을까요. 설령 알았다한들 선악과 앞에서의 유혹을 물리칠 수 있었을까요. 누구도 정확한 답을 줄 수는 없습니다. 그러나 하나님께서 이미 인간의 마음으로 생각하는 모든 계획이 항상 악할 뿐임이라(창6:5) 말씀하시는 것을 보면, 유혹을 물리치는 것이 그리 쉽지는 않았었겠다 생각해봅니다.

물론 우리들이 항상 악한 생각, 항상 악한 계획 속에서 살아가는 것은 아닙니다. 그러나 우리들 내면에 숨겨져 있는 악함은 우리의 시간과 함께 흘러가고 있고, 우리의 생각을 흐려지게 할 준비가 언제나 되어있습니다. 그러니 누구도 부정할 수 없는 확실한 진리는 우리의 힘으로 의로운 삶을 결코 살아갈 수 없다는 것이겠지요. 예수님의 십자가는 우리 죄에 대한 대가입니다. 우리 인생의 죄악, 이 죄악이 흰눈보다 더 희어질 수 있도록 값을 치러준 십자가, 예수 그리스도의 보혈만이 우리로 오늘을 살아가게 합니다. 인생으로는 거룩한 자가 될 수 없는데, 그 보혈이 믿는 우리를 거룩한 백성으로 세워주십니다.

:: 기도 나눔

하나님 아버지, 하나님의 자녀로 살아가는 것은 우리의 자랑이요, 영광입니다. 그렇게 하나님의 자녀로 살아가지만 여전히 악한 생각, 악한 일들을 계획 합니다. 그렇게 부족하고 연약하기에 주님의 보혈만을 의지합니다. 하나님의 영광과 은혜를 위해 살아가는 기쁨과 감사로 채워주시옵소서.

15. 4:1-8

자랑할 것이 없는 아브라함의 믿음

:: 말씀 나눔

하나님의 의를 믿는 믿음으로 의롭게 된다는 진리를 설명한 바울은 이제 아브라함의 역사를 근거로 하여 행위가 아닌 믿음의 의를 다시 강조한다. 아브라함은 하나님께서 친히 찾아오셔서 복의 근원이 되게 하셨으며, 할례의 처음 되는 조상이 되게 하셨다. 하나님께서 나의 벗 아브라함(사41:8)이라 하셨기 때문에 아브라함이 유대인의 조상이 될 수 있었다. 그리고 그들이 아브라함의 후손이라는 현실은 민족적 자부심이 되었다. 아브라함의 자손으로 불리는 것 자체가 유대인 사회에서는 자랑 그 자체이며, 존재 자체를 존귀하게 여기도록 했다.

그렇다면 그들의 자랑 아브라함이 의롭다 하심을 얻을 수 있었던 것이 과연 행위에 있었는가. 아브라함이 육신(행위)으로 모든 믿는 자의 조상이 되기까지 어떤 조건이나 노력으로 얻어진 것인가. 결코 그럴 수 없다. 오직 하나님을 믿는 믿음으로 의롭다 인정을 받았다. 그러니 아브라함은 유대인에게 있어 믿음의 조상이 되는 것이지 혈통으로서의 조상은 아니다. 하나님을 믿으매 그것이 아브라함에게 의로 여겨진바 되었다(창15:6)는 말씀이 증언하는 것처럼 혈통이 아닌 오직 믿음이다.

고용주와 노동자는 은혜와 무관하게 거래 속에서 맺어진 관계다. 이는 노동자로서 일을 할 때 그 대가로 고용주에게 삯을 받을 권리가 주어지며, 고용주는 노동자가 수고한 대가를 마땅히 지불해야하는 의무가 따른다. 고용주가 노동자에게 보수를 주었다고 해서 그 보수를 은혜라고 말하지 않는다. 서로가 이해관계 속에서 당연한 의무와 권리를 이행했을 뿐이다. 하나님의 은혜는 이와 다르다. 하나님의 은혜는 어떤 수고에 따른 보상이 아니라 믿음이라는 의 앞에서만 의미가 있다. 아브라함을 향한 하나님의 은혜는 곧 아브라함이 의도하지 않았을지라도 유대인들의 의식 속에 자랑스러운 조상으로 남는다. 그러나 유대인에게 아무리 자랑스러운 아브라함이라 하더라도 하나님 앞에서는 자랑할 것은 없다.

다윗은 "허물의 사함을 받고 자신의 죄가 가려진 자는 복이 있도다 주께서 그 죄를 인정하지 아니하실 사람은 복이 있도다"(시32:1-2) 기록한다. 다윗도 그의 경건이 율법의 행위에 따른 것이 아니요, 하나님의 은혜에 따른 것이라고 고백하고 있다. 죄는 하나님의 뜻을 어기는 근본적 죄를 말하며, 불법은 율법을 범하는 표면화 된 것을 말한다.

다윗은 불법이 용서를 받고, 죄가 가려져 덮인 사람은 복이 있으며, 주께서 그 죄를 인정하지 아니할 사람은 복이 있다고 찬양한다. 이스라엘의 왕위를 다시 얻은 것보다 하나님께로부터 죄를 용서 받는 것이 더 큰 기쁨이요 복이 있다는 것을 고백하는 다윗이다.

:: 묵상 나눔

하나님 앞에서 자랑할 것이 없는 아브라함의 인생입니다. 물론 그의 생각이 가난해서도 아니고, 지혜가 부족해서도 아니며, 삶의 자리가 성실하지 않아서도 아닙니다. 이유는 아브라함의 전 인생이 하나님의 은혜 안에 있었기 때문입니다.

성민의 조상으로 선택을 받은 것도 하나님으로부터 시작된 은혜이고, 하나님의 약속을 온전히 신뢰할 수 있었던 것도 하나님으로부터 시작된 은혜이며, 유대인들의 자랑스러운 조상이 될 수 있었던 것도 역시 하나님으로부터 시작된 은혜인 것입니다. 하나님께서 그의 시간 안에 함께하시며 기다려주셨기 때문입니다.

하나님은 갈대아인의 우르에 거주하며 우상을 섬기던 아브라함(수24:2)을 찾아가셔서, 자식이 없는 그에게 "너로 큰 민족을 이루게 할 것이니 떠나라"(창12:2) 하십니다. 칠십오 세에 하나님의 말씀을 따라 마침 가나안에 도착한 아브라함에게 "내가 이 땅을 네 자손에게 주리라"(창12:7) 두 번째 약속을 하십니다. 이일 후에 아브라함에게 찾아오신 하나님은 또다시 "네 자손이 땅의 티끌 같게 하리니"(창13:16) 말씀하십니다. 세 번째 약속입니다. 하나님의 약속이기에 기다리는 아브라함입니다.

그러나 아브라함에게는 아무런 일도 일어나지 않습니다. 그러자 환상 중에 하나님의 말씀이 임할 때 아브라함은 "주께서 내게 씨를 주지 아니하셨으니... 내 상속자는..." 하며 의문을 제기 합니다. 하나님의 약속을 믿지 못한 것이지요.

그런 아브라함을 밖으로 이끌어 가셔서 뭇별을 보게 하시며 "네 자손이 이와 같으리라"(창15:5) 말씀합니다. 그때서야 아브라함이 여호와를 믿었다고 기록하며 "여호와께서 이를 그의 의로 여기셨다(창15:6) 말씀합니다. 드디어 아브라함의 믿음이 하나님을 기쁘시게 한 것입니다. 하나님의 약속을 온전히 신뢰할 수 없었던 믿음이었지만, 신실하신 하나님의 은혜를 온전히 신뢰하기까지 아브라함을 기다려주십니다. 그러니 하나님 앞에서 무엇도 자랑 할 것이 없는 우리 인생입니다.

:: 기도 나눔

하나님 아버지, 아브라함의 인생은 이스라엘 백성들에게 있어 참으로 자랑스러운 약속의 조상이 됩니다. 이는 몇 번을 넘어져도 다시 일으켜주시는 하나님의 은혜가 아브라함의 시간에 함께 하셨기에 얻게 된 영광이겠지요. 하나님 저의 시간에도 함께 해주셔서 하나님의 임재 안에 머무르도록 하옵소서.

16. 4:9-12

오늘을 하나님께 드리게 하는 할례

:: 말씀 나눔

아브라함은 육신(행위)으로 의롭다 인정을 받은 것이 아니요, 믿음으로 의롭다 하심을 받았다. 그렇다면 이스라엘 백성들에게 주신 할례는 어떠한가. 할례는 과연 의롭다 하심을 받기위해서 요구되는 예식인가. 할례는 초대교회에서 아주 큰 문제가 될 정도로 중요했다. 모세의 할례만은 꼭 준수해야 된다는 것이 유대인들의 강한 주장(행15장)이었다. 여기서 할례의 역사를 들여다보면 다음과 같다. 아브라함이 구십구 세 때에 하나님께서 임재하시어 말씀하신다. "너는 내 언약을 지키고 네 후손도 대대로 지키라 너희 중 남자는 다 할례를 받으라 이것이 나와 너희와 너희 후손 사이에 지킬 내 언약이니라"(창17:9-10). 할례는 언약의 표로서, 하나님의 백성에 소속된다는 새로운 뜻을 갖게 했다. 할례가 유대인들에게 중요하게 자리하게 된 것은 바벨론 포로기 때와, 그 이후로는 헬레니즘 시대 헬라 문화와 구별된 백성으로 살아가고자 할 때이다. 여러 다양한 변화 속에서 할례는 그들의 정체성을 잊지 않도록 하는 신앙고백적 행위였다. 유대인의 역사와 함께 한 하나님의 영원한 언약이었던 것이다.

그렇다면 하나님께서 할례를 지키라 말씀하셨을 때와 아브라함이 의로 여김을 받게 된 때의 시간차는 어떻게 되는가. 아브라함이 하나님을 믿으니 그 믿음을 의로 여기시던(창15:6) 때, 즉 의로운 자로 여김을 받은 때는 사래의 여종 하갈이 아브라함에게 들어가 아이를 낳기 전이다. 하갈이 아들 이스마엘을 낳은 때가 아브라함의 나이 팔십육 세였다(창16:16). 그리고 할례를 받으라 말씀하실 때는 아브라함의 나이 구십구 세였다(창17:1). 아브라함은 할례를 받기 이전에 이미 의롭다 인정을 받게 되었기에 의롭다 인정받는 것과 할례는 전혀 연관이 없다. 후대의 유대교 전통에 의하면 이 두 사건의 시간적 거리를 29년으로 추산하고 있고, 이와 다르게 14년 이상의 시간적 거리를 두는 자료도 있다.

육신(행위)으로 일한 것이 없으나 믿음으로 의롭게 되는 복, 불법과 죄가 용서를 받고 사함을 받게 되는 복은 할례를 받기 이전부터 주어졌다. 믿는 자의 조상 아브라함이 무할례 시에 의롭다 인정을 받음으로 값없이 주어진 은혜는 그 어떤 조건도 앞세우지 않았고, 오직 하나님의 은혜에서 온 것이다. 아브라함이 할례자의 조상인 것은 변하지 않는 사실이다. 할례를 받기 이전부터 의로운 자라 인정을 받았다는 것은 무엇을 말하는가. 이방인이 믿음으로 의롭게 되었다면 아브라함은 곧 이방인에게도 믿음의 조상이 된다는 것을 의미한다. 하나님의 은혜 안에서..., 모든 그리스도인은 행함이 아닌 오직 믿음으로 의롭게 된다.

:: 묵상 나눔

아브라함으로부터 시작된 이스라엘 백성의 이야기는 개인으로도 민족으로도 정말이지 파란만장한 사건들로 가득합니다. 분명 하나님께서 불러내셨고, 큰 민족이 되게 하셨으며, 약속하신 땅도 차지하게 하셨습니다. 낯설지만 특별한 길로 이끌어 가십니다. 그런데 그 길과 목표는 그들의 것이 아니요, 하나님의 방법으로 흘러갑니다. 그들은 애굽을 탈출하면 평안한 생활로 들어설 수 있을 것으로 생각했으나, 하나님은 광야에서 40년을 지내게 하십니다. 약속의 땅 가나안에 들어가면 하나님을 중심으로 탁월한 민족성을 자랑하며 살아갈 것이라 생각합니다. 그런데 한민족이 두민족으로 나누어집니다. 나라는 잃어버리고, 성전은 파괴되며, 세상의 힘 앞에 포로가 됩니다.

하나님의 약속을 믿고 끊임없이 움직이는 이스라엘 백성이지만 그들에게는 희망과 좌절, 믿음과 의심이 끝없이 교차합니다. 하나님의 인도하심과 그들의 행동 사이에는 언제나 줄다리기처럼 서로 밀고 당기는 듯 느껴집니다. 그럴 수밖에 없는 이유는 무엇일까요. 하나님은 "사십 년 동안에 네게 광야의 길을 걷게 하신 것을 기억하라 이는 너를 낮추시며 너를 시험하사 네 마음이 어떠한지 그 명령을 지키는지 지키지 않는지 알려 하심이라"(민8:2) 말씀하십니다. 하나님을 기억하라는 것입니다. 그러니 하나님과 언약의 표징인 할례는 끝없는 고통 속에서 그들의 정체성을 잊지 않도록 해야 했습니다. 포로로 살아가는 이방 땅에서도, 새로운 변화의 물결 속에서도 할례를 통하여 하나님만 신뢰하며, 언약 백성인 것을 잊지 않아야 했습니다. 그런데 할례의식이 어느새 표면적 할례가 되어버립니다. 종교적 행위에 만족해버립니다.

우리는 어떠한가요. 기도하는 삶, 예배하는 삶, 섬김이라는 행위 등으로 나의 마음이 굳어버리지는 않았을까요. 예배의 자리에 있는 것으로, 섬기는 삶을 살아가고 있다는 것으로 하나님의 의로운 백성이라 생각하지는 않는지 두려운 마음으로 돌아보는 오늘입니다.

:: 기도 나눔

하나님 아버지, 하나님의 신실하심을 신뢰하지만 여전히 희망과 좌절이 마음속에서 요동칩니다. 확실한 믿음이 있으면서도 마음 한편에 자리 잡고 있는 의심이 어느새 치고 올라와 머리를 어지럽게 합니다. 영혼이 깨어 마음에 할례를 하게 하옵소서. 매일이 새로울 수 있도록 도와주시옵소서.

17. 4:13-16

믿음으로 가능한 은혜의 상속자

:: 말씀 나눔

하나님께서 아브라함을 부르시고 약속하신 언약은 이러하다. 아브라함으로 큰 민족을 이루게 하시겠다는 약속, 그의 이름을 창대하게 하시겠다는 약속, 복의 근원이 되게 하시겠다는 약속(창12:12) ; 가나안 땅을 그의 자손에게 주시겠다는 약속(12:7) ; 아이를 낳을 수 없는 사라를 통하여 아들을 주시겠다는 약속(17:16, 19) ; 아들이 없는 상황 속에서 그의 자손을 땅의 티끌과 같이 많게 하시겠다는 약속(창13:16 ; 22:17)... 등이다. 하나님께서 이러한 많은 은혜들을 아브라함에게 약속하시는데, 이 약속의 시작은 언제인가. 아브라함이 할례를 받기 이전부터 하나님께서 먼저 주신 약속이다. 또한 믿음으로 의롭게 되었다는 인정을 받게 된 것도 할례를 받기 이전부터다. 이는 믿음으로 의롭게 되는 것은 행위에 따른 결과가 아닌 것이요, 전적인 하나님의 은혜라는 것을 알게 한다. 율법이 주어지기 전, 아브라함이 할례를 행하기 이전부터 하나님의 마음은 이미 아브라함에게 향하여 있었다. 신실하신 하나님 앞에서 은혜를 받은 아브라함이고, 이끌어 가시는 하나님께 순종함으로 그의 믿음을 증명한다.

하나님은 아브라함을 부르셔서 후손을 주시겠다고 약속하신다. 하나님께서 약속하신 후손은 율법을 따르는 이스라엘 민족과 함께 아브라함의 믿음을 따르는 이방인에게도 동일하게 주어진다. “내가 네게 큰 복을 주고 네 씨가 크게 번성하여 하늘의 별과 같고 바닷가의 모래와 같게 하리니 네 씨가 그 대적의 성문을 차지하리라 또 네 씨로 말미암아 천하 만민이 복을 받으리니 이는 네가 나의 말을 준행하였음이니라 하셨다 하니라"(창22:17-18). 하나님께서 말씀하신 이 약속은 아브라함에게 아직 율법이 주어지기 전이다. 율법이 주어지기 전이라는 것은 아브라함의 어떤 행동의 결과에서 시작된 것이 아니라는 것이다. 아브라함이 하나님의 은혜를 먼저 바란 것이 아니요, 하나님께서 먼저 찾아오셔서 베풀어 주신 것이다. 원인도 하나님이시고, 결과도 하나님이 되신다. 그러니 율법은 하나님을 떠난 세상, 죄가 가득한 현실 속에서 잘못 된 행동이 죄악이라는 것을 인식하게 하는 기준이 될 뿐이다.

"그러므로…" 아브라함이 의롭다 인정을 받은 것이 그의 믿음에서 주어진 것처럼, 아브라함의 상속자가 되는 것도 또한 믿음으로만 가능하게 된다. 이는 아브라함의 자손인 것을 자랑하는 유대인만 아브라함의 상속자가 되는 것이 아니라 하나님을 믿는 이방인이라면 누구나 아브라함의 상속자가 되는 것을 의미한다. 하나님을 믿는 믿음이 없다면 유대인도 이방인도 아브라함의 상속자가 될 수 없다.

:: 묵상 나눔

하나님의 임재 앞에 서 있는 아브라함의 처음시간, 그리고 아브라함이 머무르고 있는 삶의 자리 갈대아 우르를 들여다봅니다. 갈대아 우르는 우상이 만들어지는 곳이며, 특히 달신 숭배가 성행하였던 곳입니다. 하나님의 임재가 아니고서는 생각의 변화가 일어날 수 없으며, 마음의 변화도 기대할 수 없습니다. 어제의 아브라함이 오늘의 아브라함이 될 것이고, 오늘의 아브라함이 또한 내일의 아브라함일 수밖에 없습니다. 그런데 하나님의 은혜가 아브라함이 머무르는 삶의 자리를 찾아가십니다.

아브라함의 무엇이 과연 하나님의 임재가 있게 했을까요. 아니지요. 그저 하나님의 은혜가 아브라함을 찾아가신 것입니다. 그리고 기다려

주시는 은혜입니다. 우리는 하나님께서 명령하신 것을 성취할 수 있는 능력도 그 어떤 가능성도 없습니다. 그럼에도 하나님의 자녀로 살아갈 수 있는 이유는 무엇일까요? 우리에게 약속하신 것은 하나님께서 반드시 이루실 것이기 때문입니다. 조금이라도 거룩할 수 없는 우리를 위하여 예수 그리스도를 보내주신 사랑과 우리가 죄인 되었을 때 예수님의 십자가를 높이 들어 주신 하나님이십니다. 무엇도 할 수 없는 연약한 우리를 위해 하나님께서 먼저 일하신 것입니다. 그러니 하나님께서 우리의 어떤 가능성을 보시고 우리 한 명 한 명을 선택하신 것이 아니라는 것을 너무나 잘 알 수 있습니다.

여러 민족의 조상으로 세우시겠다 약속 하신 하나님을 믿었던 믿음, 약속하신 일을 꼭 이루시는 하나님을 믿었던 아브라함처럼 우리도 그러했으면 좋겠습니다. 오늘 나의 모습이 하나님의 약속이 아닌 듯 초라해 보이고, 나의 계획이 아닌 듯 아프지만 우리의 믿음도 내용에 있지 않고 나를 부르신 하나님께 있다는 것을 잊지 않기를 간절히 바라봅니다. 약속하신 예수님을 보내주시고, 구원의 영광을 이미 이루어놓으신 하나님을 믿는 믿음...., 그 믿음으로 오늘을 허락하신 하나님께 감사하고, 승리하는 우리의 시간이 될 수 있기를 간절히 바라봅니다.

:: 기도 나눔

하나님 아버지, 하나님을 믿는 믿음으로 그 은혜의 영광 앞에 설 수 있기를 간절히 기도합니다. 오늘의 시간이 화려하지 않아 절망하거나, 내일을 기대하지 못하는 연약한 믿음이 되지 않기를 간절히 기도합니다. 오늘 주어진 시간을 낭비하지 않도록 성령님 마음과 생각을 지켜 주시옵소서.

18. 4:17–25

우리의 신뢰를 기다려 주시는 하나님

:: 말씀 나눔

아브라함은 믿음의 의로 의롭다 여김을 받게 된다. 하나님께서 인정하시는 의에는 행위에 대한 보상도 아니요, 할례에도 있지 않으며, 율법으로도 그 원인이 되지 않았다는 것을 지금까지 강조하였다. 이제 바울은 무엇으로도 가능할 수 없었던 의가 오직 믿음으로 가능하게 했다는 것을 적극적으로 밝히기 시작한다. 이 역시 아브라함의 생애를 통하여 하나님의 은혜 안에서 시작된 믿음, 하나님을 향한 온전한 신뢰를 알린다. 그러면서 오늘을 살아가는 그리스도인도 동일하게 그 믿음이 요구된다는 것을 말한다.

아브라함에게 있어 하나님은 어떤 분이신가. 하나님은 바랄 수 없는 중에 바라게 하시는 분, 즉 불가능을 가능하게 하시는 창조주요, 전능하신 분인 것을 알게 된다. 하나님은 다른 신들을 섬기며 평범하게 살아가고 있는 아브라함을 찾아가셨다. 다른 신들을 섬겼다는 것은 아브라함이 하나님을 알지 못했다는 것이며, 하나님을 찾을 수도 없었다는 것을 의미한다. 하나님에 대하여 아무 것도 알 수 없었던 아브라함인데, 그에게 온 천하 만물을 창조하신 하나님을 알게 하신다. 생명을 주시고, 존재하는 모든 것을 다스리며 섭리하시는 하나님을 깨닫게 하신다. 이로서 아브라함은 없는 것을 새롭게 하시는 하나님의 창조적 능력을 온전히 믿고 신뢰하게 된다.

하나님의 반복되는 언약은 아브라함의 아들이 사라의 몸에서 태어날 것이라는 약속이다. 과연 그러할 수 있는가. 아브라함의 나이 백 세를 바라보고 있고 아내 사라는 구십을 향하고 있으니 태는 이미 닫혀버렸다. 도저히 아이를 기대할 수 없다. 그러나 하나님을 경험하고 있는 아브라함은 약속하신 말씀을 의심하지 않고, 능히 이루실 것을 확신한다. 그의 믿음은 하나님께 영광이 되고, 그 믿음은 아브라함의 의가 된다. 이미 죽은 태에 생명이 있게 하는 것은 무에서 유를 창조하시는 것이요, 죽은 자를 살리신다는 것은 경건하지 않는 것을 의롭게 하시는 은혜와 동일선상에 있다.

아브라함에게 의로 여겨졌다 말씀하신 은혜는 아브라함만 위하여 기록된 것이 아니다. 하나님의 약속은 모든 시간 위에 있다. 변하지 않는 영원한 약속이 되어 지난 역사를 아름답게 했다. 그리고 오늘을 살아가는 우리들에게도, 또한 오고오는 모든 생명들에게도 여전히 동일한 은혜가 되어 의로 여김을 받게 된다. 하나님은 우리가 죄를 범한 것 때문에 예수님을 십자가에 내어주셨다. 그리고 우리를 의로운 백성이라 인정하시기 위하여 어둠의 권세아래 있는 예수님을 다시 살리셨다.

"그리스도의 죽으심은 단순히 우리의 사죄를 상징하는 것이 아니라 실제로 그것을 유효하게 하였고, 그리스도의 부활은 단순히 우리의 의의 약속이 아니라 그 원인이었다"(Luther).

:: 묵상 나눔

아브라함과 사라의 죽은 것 같은 몸에서 싹튼 생명... 아브라함의 생애를 통해 역사하셨던 하나님의 손길은 변함없이 오늘 우리의 삶에도 함께하십니다. 죽으셨으나 죽음의 권세에 머무르지 않고 다시 살아나신 예수 그리스도 우리의 주... 예수님의 시간을 통해 보여주신 눈물과 사랑도 여전히 번뇌와 괴로움의 시간을 살아내는 원동력이 되게 합니다. 이처럼 포기할 수 없는 오늘이 될 수 있는 것은 바랄 수 없는 중에도 바랄 수 있도록 하시는 하나님의 은혜와 능력을 믿기 때문입니다.

그리고 끝까지 인내하시며 기다려주시는 사랑 때문입니다.

하나님께서 아무런 조건 없이 아브라함을 불러내셨던 것처럼, 우리에게도 그 어떤 조건 없이 손을 내밀어 주십니다. 그 사랑은 하나님을 하나님으로 인정하기까지 기다려 주십니다. 하나님께서 우리를 기다려 주신 만큼 방황했고, 실수했었다 말하면 너무 과한 비유가 될까요. 결코 그럴 수 없을 듯합니다. 우리의 실수는 하나님 앞에 설 때까지 반복될 것이고, 여전히 방황할 것을 너무나 잘 알고 있으니까요. 완벽할 수 없는 우리이기에 만나는 여러 상황 속에서 하나님을 알아가는 우리입니다.

기다려주시는 하나님의 은혜를 아브라함의 역사로 비추어봅니다. 가나안에서 살아남기 위해 애굽으로 내려갔는데, 그곳에서 바로의 부름을 받는 사라입니다. 다른 남자에게 들어가야 한다는 것으로 너무나 참담할 사라인데, 그런 사라를 향해 "그대는 나의 누이라" 말하게 합니다. 비참한 사라의 마음보다 세상의 권력이 두려운 아브라함입니다. 아들을 주시겠다는 약속은 반복되는데 시간은 멈추지 않고 흘러갑니다. 그러자 조급한 마음에 하갈을 취합니다. 그렇다고 하나님께서 아브라함을 포기하셨나요. 아니요, 아들 이삭을 바칠 수 있는 믿음으로 세워질 때까지 기다려주시는 하나님입니다. 잡으신 손을 결코 놓지 않으시는 하나님입니다. 그저 놀라운 하나님의 사랑..., 그 사랑이 이제는 우리를 의롭게 하시기 위하여 아들 예수님을 내어 주심으로 기다려 주십니다.

:: 기도 나눔

하나님 아버지, 우리로 바랄 수 없는 중에 바랄 수 있는 믿음을 갖게 하시니 감사합니다. 아들 예수님을 내어 주시기까지 우리의 부족함을 용납하시고, 기다려 주신 하나님의 은혜입니다. 그럼에도 여전히 방황하고 실수하는 인생이지만, 부활의 예수님을 만날 때까지 영광의 자리에 있게 하옵소서.

19. 5:1-4

예수 그리스도로 말미암은 승리

:: 말씀 나눔

하나님의 진노와 복음, 하나님의 아들 예수 그리스도를 믿는 믿음만이 하나님의 진노를 품을 수 있다. 이 진리는 결코 변할 수 없는 하나님의 결론이 되었기에 복음의 필요성을 지금까지 강조한다. 지금까지의 내용을 정리하면 다음과 같다. 복음을 위한 서문(1:1-17)에 이어서 인간(온 인류)의 불의와 그 대가인 하나님의 진노(1:18-3:20), 하나님의 구원은 율법이나 행위가 아닌 믿음의 의(3:21-31)에 있다는 것, 믿음의 조상으로 구약에서 가장 대표하는 아브라함의 믿음(4장)을 예로 들어 확증했다.

믿음으로 의롭다 하심을 믿는 자들이 받게 되는 복은 하나님과 화평을 누리는 것이다. 화평은 마음에 평정심을 잃지 않게 하는 복으로서 전쟁이 없는 평화의 상태를 말한다. 하나님의 의가 그리스도 안에서 이 땅에 이루어졌기에 우리로 가능하게 된 복이다. 죄를 좇아 살아가던 인간은 하나님을 떠나게 되었고, 그 결과는 곧 하나님과의 관계가 단절이 되게 했다. 하나님과의 단절은 마음의 평안을 누릴 수 없게 했고, 만족할 수 없는 불안은 끊임없이 세상의 것만을 추구하게 된다. 반복되는 죄성, 그러나 끊을 수 없는 죄성인데, 예수 그리스도의 십자가로 죄의 근본을 덮어주신 것이다. 하나님과의 화평은 곧 하나님과 영적교제가 가능하게 했다. 하나님과의 영적교제는 자신의 영광과 만족을 추구하던 인생이 하나님의 영광을 바라게 했고, 그분으로 만족하는 삶이 되게 한다. 죄악 된 인생이 예수 그리스도를 믿음으로 화평을 누리는 은혜의 자리에 있게 되었고, 하나님의 영광에 참여할 수 있게 된다. 희망을 바라며 즐거워하게 된 우리는 현재뿐 아니라 미래의 영광까지 바라는 축복을 얻게 되었다.

하나님의 영광을 바라며 즐거워할 뿐 아니라 환난 중에도 즐거워하도록 하는 복음이다. 예수 그리스도로 말미암아 하나님과 화평을 누리게 된 것만 즐거운 것이 아니요, 예수 그리스도의 십자가 은혜와 부활의 능력은 우리가 당하는 환난까지도 즐거워하게 하는 은혜가 된다. 하나님의 뜻을 위한 환난은 고통으로만 끝나지 않고, 상황을 견뎌냄으로(인내) 성숙하게 한다. 인내는 부서지기 쉬운 우리의 마음을 단련(연단)하여 온전히 하나님만 의지하도록 한다. 그러니 연단은 결국 소망을 성취하게 하는 결과를 가져다준다. 환난 중에서 인내하며 연단을 통하여 성숙하게 된 인격 속에는 소망의 빛이 꺼지지 않는 기쁨을 맛보게 한다. 우리가 하나님을 온전히 신뢰하지 못할 때는 환난이 그저 절망의 연장선으로 느껴지지만, 신실하신 하나님을 온전히 의지할 때 환난은 곧 구원에 이르게 한다는 것을 알게 한다. 환난은 세상에 속한 내 겉사람을 버리게 하고, 그리스도인으로 새롭게 하는 은혜 안에 있게 한다.

:: 묵상 나눔

우리 인생이 해석하는 고난은 죄의 결과가 가지고 온 것이라고 생각합니다. 그러나 하나님은 우리의 유익을 위하여 징계하시며, 징계의 목적은 그의 거룩하심에 참여하도록 하기 위한 것이라 말씀합니다. 그리고 이 징계는 모두가 받는 것으로 만약 징계를 받지 않으면 그것은 곧 사생자요 친아들이 아니라고까지 말씀하십니다. 환난을 받는 것은 우리가 하나님의 자녀가 되었기 때문에 당연히 만나게 되는 것으로 해석을 하게 합니다. 하나님의 자녀가 되지 않았다면 반드시 일어나지 않았을 환난인 것입니다. 그러니 환난을 고난만 가져다주는 부정적인 차원에서 해석하는 것이 아니라, 내가 하나님의 자녀가 되었다는 확실한 증거로 해석 할 수 있겠지요.

우리가 하나님의 자녀가 되었다고 해서 즉시로 하나님의 세계를 다 알 수 있는 것은 아닙니다. 처음에는 갓난아기처럼 생각이 어리고, 행동도 아주 미숙할 수밖에 없습니다. 그러나 .하나님께서 나(우리)를 통해 일하시는 만큼, 그리고 삶에서 경험되어진 만큼 그분의 세계로 들어갈 수 있습니다. 아기가 엄마의 태로부터 분리되어 스스로 걸을 수 있는 힘을 얻기까지 수없이 넘어지는 과정을 이겨내야 합니다. 힘겨운 과정을 지나야 걸을 수 있으며 달리기도 하고, 어떤 장애물도 거뜬히 넘어설 수 있게 됩니다.

이와 같이 환난은 우리에게 고통만 남기지 않고, 마음이 무너지는 아픔으로만 끝나지 않습니다. 더 아름다고 영광스러운 자리에 설 수 있도록 우리를 다듬어가시는 하나님의 방법입니다. 신실하신 하나님을 온전히 의지함으로 환난 뒤에 감추어진 소망을 즐거워하며 자랑하는 믿음이기를 바라시는 것입니다. 어떤 상황에서도 세상에 마음을 굽히지 않는 인내.., 여러 시험에서 오히려 즐거워하는 믿음.., 이렇게 성숙해가는 사람은 곧 하나님의 영광입니다.

:: 기도 나눔

하나님 아버지, 예수 그리스도로 말미암아 어둠의 옷을 벗고, 하나님과 화평을 누리게 하시니 감사합니다. 이제는 하나님과의 영적교제로 더욱 성숙하기를 소망합니다. 환난 중에도 하나님의 영광을 바라게 하시고, 온전히 인내하며 단련함으로 거룩하신 주님을 더욱 찬양할 수 있도록 도와주시옵소서.

20. 5:5-11

성령으로 말미암은 승리

:: 말씀 나눔

예수 그리스도, 그 복음의 능력은 환난을 인내로, 인내는 연단으로, 연단은 소망으로 향하도록 한다. 그리고 성령은 환난과 인내, 연단의 모든 과정을 함께 하셔서 우리로 승리할 수 있도록 도우신다. 우리의 소망이 부끄럽지 않을 수 있는 것은 성령께서 환난 중에 함께 하시고, 인내할 수 있도록 도우시며, 연단하는 과정에 힘을 더하여 주시기 때문이다. 성령으로 말미암는 것은 곧 하나님께서 일을 이루신다는 것을 의미한다. 성령은 우리가 만나는 문제 앞에서 하나님의 뜻과 영광을 먼저 기억하게 하시고, 깨닫게 하심으로 우리가 실패하지 않고 다시 일어날 수 있도록 간섭하신다. 하나님께서 시작하셨기 때문에 우리가 그렇게 간절히 바라는 소망의 항구까지 안전하게 다다를 수 있도록 도우신다. 나는 여전히 죄를 범할 수 있고, 일어설 힘조차 없을 때가 있지만 성령은 바로그때 우리의 마음을 움직이신다. 예수를 그리스도로 고백하게 한 하나님의 사랑은 우리로 성령과 함께하는 삶이 되도록 하셨다.

세상이 어둠으로 가득할 때에 하나님은 예수님을 보내셨다. 그리고 구원의 때가 되어(약속하신대로) 우리가 아직 연약할 때에 경건하지 않은 우리를 위하여 죽으셨다. 연약하다는 것은 악을 대항할 힘이 전혀 없고, 선을 행하기에 무력하여 스스로 구원에 이를 영적능력이 없는 상태를 말한다. 세상이 보여주는 희생으로는 의인을 위하여 죽는 것이 쉽지 않고, 선인을 위하여 용감하게 죽는 자는 혹 있을 수 있다. 그러나 누구도 죄인을 위하여 죽음을 선택하지는 않는다. 설령 누군가의 죄를 위해 죽는 일이 있다 해도 그 죽음은 죄를 대속하는 죽음이 될 수 없다. 오직 창조주이신 예수님의 죽음만이, 흠이 없으신 거룩한 예수님의 죽음만이 영원한 생명, 구원에 이르도록 할 수 있다. 하나님은 아들 예수님을 사망에 넘겨주심으로 그 사랑을 확증해 주셨고, 우리는 그 피로 의롭다 하심을 받게 되었다.

연약하기 때문에 죄인일 수밖에 없고, 죄인이 되었기에 하나님과 원수가 될 수밖에 없는 우리는 모두 하나님의 진노아래 놓여 있었다. 그렇게 하나님과 원수 되었을 때에 예수님께서 죽으시고 부활하심으로 우리는 하나님과 화목할 수 있게 되었다. 하나님을 떠나버린 우리는 그분의 존재를 잊어버렸기 때문에 다시 돌아설 이유를 찾지 못할 뿐 아니라 찾을 이유도 깨닫지 못한다. 이처럼 영적으로 타락해버린 온 인류(나)를 위하여 하나님은 아들 예수님의 고통을 침묵으로 눈감으셨다. 그리고 어둠 속에서 허우적대는 우리의 영혼을 깨워주셨다. 예수님의 죽으심으로 우리의 영혼이 하나님과 화목하게 하셨고, 예수님께서 부활하심으로 말미암아 하나님 안에서 즐거워하게 되었다. 하나님께서 시작하시고 이루신 일은 결코 실패할 수 없다.

:: 묵상 나눔

소망이 우리를 부끄럽게 하지 않는다는 사도 바울의 확신입니다. 과연 우리의 무엇이 소망을 바라게 하고, 부끄럽지 않는 결과를 보장할 수 있도록 할까요. 우리는 하나님과 화평을 누릴 수 없는 자들이고, 화목할 수도 없는 죄인입니다. 예수님께서 이 땅에 오실 때 누구도 깨닫지 못했고, 십자가에서 고통을 당하실 때는 우리가 아직 연약할 때였습니다. 그러한 우리인데...., 소망을 부끄럽지 않게 하십니다. 이것이 하나님의 은혜요, 사랑입니다.

하나님은 우리 인생을 이끌어 주시기 위해 그 시작을 예수님의 보혈에 담으셨을 뿐 아니라, 모든 시공간을 함께하시는 성령을 보내주셨습니다. 즉 시작도 하나님이시고, 모든 과정도 하나님이시기 때문에 부끄럽지 않는 우리의 오늘과 내일이 될 수 있는 것입니다. 우리는 이제 하나님의 사랑과 지혜, 그리고 능력을 아는 자들이 되었습니다. 그러하기에 우리는 의로울 수 없다는 것을 알고, 감히 사랑한다는 고백도 할 수 없으며, 은혜로운 삶을 살아낼 수도 없다는 것을 너무나 잘 알고 있습니다. 그러나 동시에 우리가 깨닫게 된 진리는 무엇도 감당할 수 없는 우리이지만, 하나님의 의와 사랑과 은혜가 우리 인생과 함께 한다는 것입니다.

우리 누구도 죄를 용서 받고자 그리스도를 구하지 않았고, 마음을 움직이는 성령님을 소망하지 않았습니다. 아니 구할 수 없었다는 것이 맞는 표현일 듯합니다. 나의 죄를 보지 못하니 구할 수 없고, 바른 길을 분별하지 못하니 바랄 수 없었겠지요. 그런데 하나님은 그런 우리를 부끄럽지 않도록 하시기 위해 예수 그리스도로 말미암은 은혜, 성령으로 말미암은 능력을 소유하게 하셨습니다. 비로소 알게 하시고, 깨닫게 하시고, 누리게 하신 것입니다. 하나님의 신실하심은 교만하기만 한 우리의 눈물이 하나님을 향하도록 하십니다.

:: 기도 나눔

하나님 아버지, 우리로 소망을 품게 하시고, 그 소망을 부끄럽지 않게 하시니 감사합니다. 이제는 하나님의 의에 마음을 두게 하시고, 하나님의 사랑에 순종하게 하시고, 하나님의 은혜를 나누는 삶이 되게 하옵소서. 겸손한 마음으로 하나님의 은혜를 묵상하도록 성령님 이끌어 주시옵소서.

21. 5:12-14

은혜의 성소 동산나무 사이

:: 말씀 나눔

모든 인류의 시조 아담이다. 아담의 시작은 생명있는 모든 창조물의 마지막을 장식한 걸작품으로 하나님을 심히 기쁘시게 했다. 그는 복의 시작이 되었고, 하나님께서 창조하신 생물들을 다스리라는 사명의 시작도 되었다. 그리고 온 인류를 사망 아래 가두어버리는 죄의 시작도 된다. 하나님께서 창조하신 처음 세상은 더할 나위 없이 아름다운 풍경이다. 모두가 꿈꾸는 풍경이지만 누구도 완성할 수 없는 풍경이다. 하나님은 대체 불가한 세상을 만드셨고, 완성된 세상을 보시며 좋아하신다. 하나님은 특별히 사랑하신 아담에게 생기를 불어넣어 생령이 되게 하신다. 그리고 인간 아담에게 모든 창조물을 다스리게 하심으로 하나님을 대신하는 은혜를 주셨다. 그런데 아담이 가지고 온 결과는 더욱 풍성하고 아름다운 세상이 아니라, 하나님의 명령을 의도적으로 외면한 배신(창3장)이다. 하나님의 명령을 지켜내지 못한 아담의 죄는 그에게서 끝나지 않았다. 곧 땅이 저주를 받게 했다. 아담 한 사람으로 시작된 죄는 모든 사람을 사망에 이르게 함으로 오고오는 세대, 모든 사람에게 원죄라는 씻을 수 없는 흔적을 남게 한다.

아담으로부터 모세까지는 율법이 없던 시기다. 율법이 없다는 것은 곧 죄의 모양을 알 수 없는 것이다. 그러니 어떤 길이 하나님께서 원하시는 방향인지, 어떤 방법으로 순종하며 살아가야하는지 바르게 분별할 수 없다. 죄를 죄로 여길 수 없는 인간의 시간이요, 세상이다. 그러나 죄의 기원을 선악과를 따먹은 아담의 역사에 두신다. 하나님의 낯을 피하여 동산 나무에 숨은 때부터 아담은 하나님과 교제가 단절이 된 것이다. 이 일로 오늘을 살아가는 우리는 비록 아담과 같이 확연하게 드러나는 죄를 범하지 않았더라도 그의 후손이라는 자체로 죄를 떠안게 된다.

아담의 범죄는 사망이 온 인류 위에서 왕 노릇하는 결과를 가지고 왔다. 사망이 왕 노릇한다는 것은 곧 죽음(사망)의 지배를 받는 것을 말한다. 여기서 모든 사람이 죽음의 지배를 받는 것은 곧 모든 사람이 죄인이라는 것을 의미한다. 의롭다고 인정을 받는 사람도, 선한 삶을 살아가는 사람도 원죄라는 흔적을 지울 수 없다. 율법만이 죄를 죄로 인정하는 객관적 기준이 되지만, 아담으로부터 시작된 죄의 뿌리는 강력한 생명력이 되어 모세의 율법까지도 하나님의 뜻과 멀어지게 한다.

사망이 왕 노릇 하는 세상, 죄가 인간을 지배하는 세상이 되어버렸다. 그러나 더할 나위 없이 아름다웠던 풍경, 하나님께서 사랑하시는 세상이다. 결코 포기할 수 없고, 버릴 수도 없는 하나님의 세상이기에 아담은 그저 오실 자의 모형이 될 뿐이다. 아담이 죄의 원천이 되어 온 인류가 죄의 지배아래 있게 한 것처럼, 아담의 모형 그리스도는 의의 원천이 되어 온 인류가 다시 하나님과 화목하게 한다.

:: 묵상 나눔

죄를 불러오는 한 사람 아담, 영원한 생명을 불러오는 한 사람 예수님입니다. 첫 사람 아담은 흙으로 빚어졌으나 그 코에 하나님의 생명의 기운이 들어가니 숨을 쉬는 사람이 됩니다. 숨을 쉬고, 걷고, 먹고, 생각하고, 판단하는 자유의지를 가진 사람입니다. 하나님의 생명이 아담의 몸속에 흐르고 있으니 하나님과 교제할 수 있는 영이 살아있게 됩니다. 하나님의 아름다운 세상과 너무나 잘 어우러집니다. 그런데 어느 날 사단이 아담의 혼을 건드립니다. 하나님께서 아담의 혼에 심어두신 지성과 의지와 감정을 유혹하여 하나님과 단절되기를 시도합니다. 생각할 수 있는 힘을 가지고 있고, 판단할 수 있는 능력도 있습니다.

선악과를 먹으면 반드시 죽으리라 말씀하셨던 하나님의 음성이 아담의 귓가에 맴 돕니다. 영혼이 살아있으니 하나님의 마음이 느껴집니다. 그러나 아담은 하나님의 마음을 선택하지 않고, 그의 마음이 움직이는 대로 욕심을 따라 행동합니다. 그리고 그 결과는 동산나무 사이에 숨는 것입니다.

그렇다면 오늘의 우리는 어떠한가요. 우리도 물론 동산나무 사이에 숨고 싶은 때가 한두 번이 아닙니다. 나의 욕심과 교만이 동산나무를 찾게 하고, 나의 불만이 또 그러하게 합니다. 걱정과 근심이 때로는 환난과 곤고가 동산나무를 향하는 길목을 아주 깊이 파이게 합니다.

그런데 우리들의 삶은 주저앉지 않습니다. 계속되는 실패이지만 영원한 생명의 주 예수 그리스도의 보혈이, 피하고자 찾은 동산나무 사이를 하나님의 임재로 가득하게 하셨기 때문입니다. 아주 깊이 파여버린 길목은 은혜로 메워 주시고, 동산나무 사이는 하나님과 교제하는 거룩한 곳이 되게 하셨습니다. 끊임없이 반복되는 세상 속의 나이지만, 하나님의 사랑도 끊임없이 반복되는 은혜 위에 은혜가 되었습니다.

:: 기도 나눔

하나님 아버지, 오늘도 저의 교만과 욕심 때문에 동산나무 사이를 찾습니다. 여전히 불안하고 근심이 되어 불만을 품고 동산나무 사이를 향하고 있습니다. 그렇게 반복되는 연약함인데 용서와 사랑이 동산나무 사이에 가득합니다. 하나님, 하나님의 임재 안에서 다시 호흡하게 하시니 감사합니다.

22. 5:15-21

세상과 십자가

:: 말씀 나눔

인생이 지은 죄의 결과는 하나님의 진노를 가지고 왔다. 그리고 하나님의 진노는 곧 영이 무너지는 결과였기에 인생은 끊임없는 죄를 향하여 더욱 달려가게 된다. 말씀으로 세상을 여신 하나님은 이제 예수 그리스도로 거룩한 세상, 은혜의 역사를 열어주신다. 그리스도의 은사는 하나님의 은혜가 있게 했고, 이 은혜는 죄악의 길로 달려가는 우리 인생의 길목에 회개와 용서, 거룩한 존재가 가능하게 했다. 인생이 달려가는 길을 막을 수 있는 것은 오직 그리스도의 보혈밖에 없기 때문이다. 죄의 뿌리를 지니고 살아가는 인생이니 여전히 정죄 속에 나를 가두어 두지만, 그보다 더 놀라운 능력, 은혜와 의의 선물 그리스도는 생명 안에서 우리로 왕 노릇하게 한다. 죄가 있으니 은혜가 있는 세상이지만 은혜는 죄를 덮을 수 있으나 죄는 은혜를 덮을 수 없다. 죽음이 있으니 생명이 있는 세상이지만, 생명이 죽음을 품을 수 있으나 죽음은 결코 생명을 품을 수 없다. 아담은 그저 오실 자의 모형일 뿐이다.

에덴동산 중앙에 있는 한 나무의 열매를 보니 먹음직도 하고 보암직도 하다. 뿐만 아니라 지혜롭게 할 만큼 탐스럽기도 하다. 아담의 생각을 혼미하게 하는 선악과는 그의 혼과 몸을 만족시키기에 충분하다. 그런데 아담 자신을 위해 선택한 선악과는 오직 아담과 하와에게만 기쁨과 만족이 된다. 아담과 하와를 제외한 모든 인류는 그들이 선택하여 느끼는 기쁨 이상의 고통을 만나야한다. 이와는 다르게 하나님과 십자가 앞에 서신 예수님이 있다. "죽음에서 능히 구원하실 이에게 심한 통곡과 눈물로 간구와 소원을 올렸고"(히5:7), "심히 놀라시며 슬퍼하사 말씀하시되 내 마음이 심히 고민하여 죽게 되었으니"(막14:33-34), "예수께서 힘쓰고 애써 더욱 간절히 기도하시니 땀이 땅에 떨어지는 핏방울 같이 되더라"(눅22:44)....., 예수님께서 이겨내야 했던 고통의 시간은 모든 인생으로 기쁨과 영광이 되게 한다. 예수님의 고통과 심한 통곡은 오히려 온 인류에게 완전한 거룩이 가능하도록 한다. 한 사람이 순종하지 않음으로 모든 사람이 죄인이 되었지만, 다른 한 사람이 순종하심으로 모든 사람이 의인이 된다.

율법의 기능은 무엇인가. 율법은 우리로 무엇을 가능하게 할까. 어거스틴은 율법에 대하여 이렇게 말한다. "유대인들은 무슨 목적으로 율법이 주어진 것을 모르고 있었다. 이는 죄인을 살게 함이 아니고 도리어 저들 자신의 힘으로 율법을 지키고 있다고 교만하게 단정하는 자들이 얼마나 강한 죄의 쇠사슬에 결박되고 포로가 되어 있는 것을 보이고자 함이다"

율법은 죄를 규정하는데 그 목적이 있다. 그러나 죄를 드러내어 사망에 이르게 하는 것이 아니요, 죄를 덮는 은혜를 기억하도록 하여 영생에 이르게 하는 길, 곧 의의 법을 알리는 것이다.

:: 묵상 나눔

선악과 앞에 서 있는 아담입니다. 그리고 세상 앞에 서 있는 우리입니다. 세상에는 먹음직도 하고, 보암직도 하고, 지혜롭게 할 만큼 탐스러운 것들이 너무 많습니다. 매일 매순간 우리의 생각을 혼미하게 합니다. 십자가 앞에 서 있는 예수님입니다. 그리고 그 십자가 앞에 서 있는 우리입니다. 십자가 앞에는 가난한 심령, 애통, 온유함, 의에 주리고 목마름, 긍휼히 여김, 마음이 청결, 화평하게 하고, 의를 위하여 핍박을 받고, 모든 비방을 참아내며, 그저 빛과 소금이 되어야하는 삶입니다.

십자가는 언제나 감사와 환난이 동전의 양면처럼 불가분의 관계인 듯 함께합니다. 그래서 십자가 앞에 서 있는 우리는 그렇게 한걸음 걸어가는 것이 부담스러운 것입니다. 하나님으로부터 선택받은 것도 감사하고, 예수님을 그리스도라 고백하게 하신 것도 감사하고, 영혼이 깨어 춤을 추게 하신 것도 은혜인 것을 너무 잘 알고 있습니다. 이 세상에서의 시간은 영원하지 않다는 것도 알고, 아침 안개와 같이 잠시 머물다 사라지는 인생이라는 것, 무엇도 영원하지 않으니 영원히 살 수 없다는 것도 알고 있습니다. 그러니 하나님만 더욱 사랑하고 싶고, 아는 만큼 살아내고 싶은 간절한 마음입니다.

그런데.. 여전히... 세상은 먹음직도 하고 보암직도 하고 탐스럽기까지 합니다. 그래서 나의 마음을 비우는 것이 참 어렵습니다. 그러나 죄가 더한 곳에 은혜가 더욱 넘친다고 하지요. 우리는 죄를 거부할 힘이 없습니다. 죄를 떨쳐버려야 하는 것도, 그 방법도 알고 있지만 그럼에도 의로운 행위를 이루지 못하는 연약한 자들입니다. 그래서 하나님의 은혜가 더욱 우리를 감싸고 있는 것이겠지요. 십자가의 은혜가 요구하는 삶 앞에서 당당하지 못하지만, 언젠가는 한걸음정도... 아니면 반걸음 정도쯤은 뗄 수 있으리라 기대해 봅니다.

:: 기도 나눔

하나님 아버지, 먹음직도 하고 보암직도 하고 지혜롭게 할 만큼 탐스러운 것들 앞에서는 지체하지 않고 달려갑니다. 그런데 십자가의 은혜가 요구하는 행위 앞에서는 여전히 머뭇머뭇합니다. 주 안에 있다는 것이 나의 큰 자랑이듯, 영광 중에 머물게 하시어 하나님의 자랑이 되게 하옵소서.

23. 6:1-4

주의 죽으심에 연합하는 은혜

:: 말씀 나눔

믿음으로 의롭게 된다는 구원의 교리를 중심으로 복음을 소개한 바울은 이제 새로운 주제를 소개하며 그리스도인들이 계속하여 추구해야할 것이 무엇인지 논하고자 한다. 그것은 새로운 신분과 함께 요구되어지는 새로운 삶이다. 물론 성결한 삶이 구원에 이르게 하는 것은 아니지만, 은혜를 더하게 하려고 죄에 거하는 것은 새로운 신분을 무색하게 하는 행위가 될 것이다. 성결의 삶은 믿음으로 의를 얻는 것처럼 단번에 주어지지는 않는다. 시간에 시간을 더해야하고, 끝없는 인생의 굴곡을 잘 참아내야 한다. 이런 삶이 곧 그리스도와 함께 죽고 그리스도와 함께 살아있다는 것을 증명하기 때문이다. 그러나 우리가 간과해서 안 되는 것이 있다. 우리가 죄의 영역에서 은혜의 영역으로 옮겨졌고, 이제는 죄의 통치 안에 있는 것이 아니요, 은혜의 통치 안에 있지만, 여전히 죄는 우리를 시험하고 유혹하여 넘어지게 한다는 것이다. 우리의 본능에는 죄의 영역이 여전히 살아있어 생각과 행동에 영향을 준다.

세례란 더러운 것으로부터 분리되어 거룩한 것으로의 연합을 말한다. 즉 죄와 사망의 영역으로부터 이탈하여 하나님의 영역인 거룩과 의와 영생으로 옮겨지는 것이다. 물론 이런 일련의 과정은 죄인 된 인간 스스로는 가능할 수 없다. 노아의 홍수 사건은 세례의 한 모형인 것을 보여주는데, 이 때는 하나님께서 모든 것을 주관하심으로 세례를 베푸신 분은 하나님이신 것을 전한다. (여호와께서 노아에게 이르시되(창7:1), 여호와께서 그를 들여보내시고 문을 닫으니라(창7:16)). 신약에서는 성령께서 세례를 베푸셔서 우리를 예수 그리스도의 몸으로 보내었다고 기록한다(한 성령으로 세례를 받아 한 몸이 되었고 또 다 한 성령을 마시게 하셨느니라(고전12:13)). 그리고 골로새서 2장 12절에서의 세례에 관하여는 세례로 그리스도와 함께 장사되었다가 하나님의 역사를 믿음으로 그리스도와 함께 일으키심을 받았다고 기록한다. 이로써 세례는 하나님과 성령께서 베풀어 주심으로 구원의 주이신 그리스도와 연합하는 것임을 알 수 있다. 세례는 곧 그리스도와 연합하여 십자가에서 함께 죽었다는 것을 의미한다. 예수님의 죽음에 우리가 함께 동참했다는 것은 우리가 더 이상 죄의 종도 아니요, 죄에 머물러 있지 않는 것이다. 세례는 신비로운 하나님의 은혜가 임하는 시간으로 거룩과 연속선상에 있게 한다.

세례는 죽음을 통과하여 영원한 생명으로 이끌기 위한 것이다. 그럼으로 세례는 우리를 그리스도 예수와 연합하게 하고, 새로운 존재가 되도록 하기 위하여 그리스도와 함께 죽음에 장사된다. 그러할 때 예수님을 부활에 이르게 하셨던 하나님의 영광은 우리로 새로운 생명 안에 이르도록 한다. 예수님의 부활이 하나님의 영광이 되었던 것처럼 세례를 받음으로 거룩한 하나님의 백성이 되는 것이다.

:: 묵상 나눔

믿음으로 구원을 받는 것과 개인의 노력으로 구원을 받는 것의 차이는 무엇일까요. 누구도 오를 수 없는 아주 높고 험하기만 한 정상과 그 산을 오르기 위한 출발지로 비교해봅니다.

누구도 오를 수 없는 정상은 믿음으로 구원을 받는 곳이고, 산 아래 출발점은 개인의 노력으로 구원을 받는 곳으로 비유할 수 있습니다. 산 정상에 서 있지만 그 정상을 오르기 위해 내가 한 수고는 아무것도 없습니다. 나의 발을 움직여 걷지도 않았고, 들숨과 날숨을 반복하면서 거친 호흡도 하지 않았습니다. 배고픔도 없었고, 땀도 흘리지 않았고, 뜨거운 태양빛에 허덕이지도 않았으며, 어둔 새벽도 만나지 않았습니다. 결코 오를 수 없는 험산준령을 오르지 못해 하염없이 바라보며 느껴야하는 막막함도 없었습니다. 그런데 나의 마음과 몸을 보니 어느새 정상에 서 있습니다. 이것이 은혜입니다.

우리는 은혜로 시작된 인생입니다. 우리는 하나님의 은혜를 마음으로 고백하는 그 믿음과 은혜를 온전히 신뢰함으로 세례에 동참하게 됩니다. 세례는 주님과 연합하는 것으로, 그 연합은 찬란한 기쁨에 연합하는 것이 아니요, 쓸쓸한 고난의 십자가 죽음에 먼저 연합하는 것입니다. 죽음에 연합하여 내 안에 나로 가득하였던 내가 죽게 됩니다. 살아있으니 여전히 감정에 따라 생각하고, 마음은 화와 서러움으로 요동칩니다. 나의 시간 속에서 수없이 다짐하며 고백하는 약속은 하루의 시간이 흘러가는 것처럼 함께 사라져버립니다. 새로운 날 새로운 마음과 다짐이 반복되는 것도 새롭지 않습니다. 오늘도 나를 이기지 못하는 하루일 수 있습니다. 그런데 새로운 생명으로 나를 옮기신 하나님의 마음은 변함이 없습니다.

:: 기도 나눔

하나님 아버지, 값없이 받은 은혜입니다. 값없이 주시는 것이요, 너무나 위대한 은혜이지만, 그 은혜를 더하기 위해 죄를 더할 수는 없습니다. 믿음에 반응하여 세례를 받게 하셨고, 주님의 죽음에 연합하게 하셨으니, 이제는 새로운 생명 안에서 자유하게 하옵소서. 선한 삶을 이루도록 도와주시옵소서.

24. 6:5-11

예수님의 죽음과 부활사이

:: 말씀 나눔

세례는 예수님의 죽음에 동참하는 것이고, 예수님의 죽음에 연합한다는 것은 곧 우리의 자아를 십자가에 못 박음으로 옛 사람이 죽는 것을 말한다. 주님의 죽으심과 같은 모양으로 연합한 자만이 예수님의 부활과 같은 모양으로 연합될 수 있기 때문이다. 아담으로부터 시작된 우리의 옛 사람, 옛 자아는 예수님의 보혈로만 멸할 수 있다. 보혈 밖에서는 무엇도 영광이 되지 못한다. 십자가에서 모든 것을 쏟아내신 예수님의 죽음만이 우리의 모든 더러운 것들을 눈과 같이 희게 하시고, 그 어떤 흔적도 남지 않게 하신다. 죄의 몸이 죽지 않으면 새로운 생명이 될 수 없으니 부활의 영광도 얻을 수 없다. 이와 같이 예수님과 연합한 죽음은 우리로 생명을 위한 죽음, 의미 있는 죽음이 되게 하신다.

우리가 그리스도와 함께 죽었으면 반드시 그리스도와 함께 살아난다. 그리스도께서 죽은 자 가운데서 살아나셨고 이후에는 사망이 다시는 그리스도를 주장할 수 없는 것처럼 우리의 삶도 다시는 죽음이 지배하지 못한다. 죄에 대하여 죽은 우리는 그리스도 예수 안에서 하나님께 대하여 살아있는 자가 된다. 하나님을 위하여 살아있지 않다면 어찌 하나님과 화평할 수 있으며, 화목할 수 있겠는가. 예수 그리스도 안에서 죽은 자만이 하나님을 위하여 살아갈 수 있으며, 그럴 때 비로소 하나님과 영적 교제가 있을 수 있다. 수많은 사건과 상황 속에서 살아계신 하나님을 경험한 다윗은 "나의 마음이 기쁘고 나의 영도 즐거워하며 내 육체도 안전히 살리니 이는 주께서 내 영혼을 스올에 버리지 아니하시며 주의 거룩한 자를 멸망시키지 않으실 것임이니이다 주께서 생명의 길을 내게 보이시리니 주의 앞에는 충만한 기쁨이 있고 주의 오른쪽에는 영원한 즐거움이 있나이다"(시16:9-11) 찬양한다.

하나님과 화목하기 때문에 마음이 기쁘고 영이 즐거워할 수 있으며, 영혼이 스올에 버린바 되지 않는 것도 하나님과 화목하기 때문이다. 생명의 길을 볼 수 있는 것도, 주의 앞에 있는 충만한 기쁨을 누릴 수 있는 것도, 영원한 즐거움에 참여할 수 있는 것도 하나님과의 영적 교제 안에서만 나의 것이 될 수 있는 것이다. 이것이 사망에서 생명으로 옮겨진 삶이요, 영원히 죽음을 맛보지 않는 삶이요, 무릇 살아서 나를 믿는 자는 영원히 죽지 아니할 것이라는 예수님의 말씀이 우리의 현실에서 이루어지는 것이다.

다시는 죽음이 지배하지 못하는 세상을 위해 예수님은 단번에 죽으셨고, 영이 살아나게 하셨다. 그리스도께서 감당하신 단번의 죽음은 속죄를 위해 끊임없이 반복해야 했던 피 흘림의 제사와 비교가 된다. 그리고 의롭다 인정을 받았으나 한 번의 다짐으로 완벽한 성도의 삶을 살아내지 못하는 우리 인생에게 희망이 된다. 이로써 예수님은 인간이셨으나 하나님의 아들이셨으며, 온 인류의 구원자가 되시는 것이 다시금 증명된다.

:: 묵상 나눔

죽음은 생각과 행동에 있어 무기력이며 완전한 멈춤입니다. 길고 긴 역사 속 모든 생물이 지금까지 그래왔기에, 죽음과 부활을 연결하지 못하는 것은 당연합니다. 역사를 통하여 경험된 죽음은 모든 것이 끝나는 것이었습니다. 그러했기에 예수님의 죽음 앞에는 관리들의 비웃음과 군인들의 희롱, 더욱 격렬해진 무리들의 외침이 있습니다. 그들의 아우성은 죽음에 대한 확신이었으니, 그 시간만큼은 예수님의 죽음이 참 쓸쓸합니다. 그러나 비웃음과 희롱, 무리들의 아우성은 예수님의 죽음과 부활, 그 사이까지만 효용가치가 있게 됩니다. 예수님의 죽음에 하나님께서 개입하셨기 때문에...

하나님의 개입으로 인간들이 주관하는 죽음이 얼마나 무력한 것인지, 생각과 계획은 또 얼마나 실수투성인지 여과 없이 보여주십니다. 물론 무력이 아닌 침묵과 인내와 신실하심으로 그러하십니다. 무리들의 아우성 속에 머리 둘 곳 없었던 예수님의 공생애 기간이 그저 물거품이 되는 듯 느껴지는 시간이었습니다. 그때는 백부장의 "하나님께 영광을 돌려 이르되 이 사람은 정녕 의인이었도다"는 고백이 그저 메아리가 되어버릴 것 같았습니다. 그런데 하나님께서 개입하시니 머리 둘 곳 없으셨던 예수님의 시간이 아름답습니다. 백부장의 고백이 죄의 영역을 부끄럽게 합니다.

우리는 예수님의 죽음에 연합하였습니다. 그리고 예수님의 부활은 곧 나의 부활이 될 것입니다. 그러니 예수님의 침묵이 하나님을 위해서였던 것처럼, 우리도 하나님을 위하여 침묵할 수 있기를 간절히 바라봅니다. 머리 둘 곳 없으셨던 예수님의 시간이 누리는 삶보다 오히려 아름다웠던 것처럼, 나의 것을 흘려보낼 수 있는 마음 넉넉한 그리스도인이 될 수 있기를 간절한 마음으로 바라봅니다.

:: 기도 나눔

하나님 아버지, 머리 둘 곳 없으셨던 예수님의 시간이 곧 하나님의 영광이었다는 것을 알면서도 나의 그러한 시간은 감사가 되지 못할 때가 참 많이 있습니다. 인간적인 생각과 방법이 완전하게 죽지 못했기 때문이겠지요. 주님을 위한 오늘의 수고는 물거품이 될 수 없다는 것을 잊지 않도록 도와주시옵소서.

25. 6:11-14

은혜 아래에서 죽을 몸

:: 말씀 나눔

세례를 통하여 그리스도와 함께 죽고 다시 산 그리스도인은 신분에 변화가 있게 된다. 이전에는 죄의 종이였던 인생이 이제는 그리스도의 종이 되는 영광이 주어진 것이다. 드디어 하나님을 인식할 수 있는 은혜, 영적인 교제가 가능한 신분이 된 것이다. 하나님과 회복된 일상이 되었지만 죄악으로 가득한 현실은 우리 그리스도인들을 끊임없이 간섭하고자 한다. 현실이라는 공간 안에서 여전히 무너지고, 크고 작은 문제들 앞에서도 어제와 같이 넘어진다. 그러나 하나님의 은혜 안에서 자유로워진 신분, 죄로부터 멀어짐과 동시에 허락된 구원은 실패할 수 없다. 하나님의 신실하심이 구원의 근거이기에 그러한 것이다. 그러니 새로운 신분을 얻은 자로서 어제와는 다른 거룩하고 성결한 삶, 더욱 윤리적인 삶을 요구하며 감내해야 한다.

교리적으로 우리는 죄에 대하여 죽었다. 하지만 거듭난 그리스도인이라 하더라도 우리는 죽을 몸이 되었었기 때문에 여전히 죄의 지배를 받고 있다. '죽을 몸'은 하나님께서 아담에게 하신 "선악을 알게 하는 나무의 열매는 먹지 말라 네가 먹는 날에는 반드시 죽으리라"(창2:17)는 말씀에서 시작이 된다. 하나님의 명령을 두려워하지 않은 아담은 육신에 따라 선악과를 따먹었고, 잘못된 아담의 선택은 하나님과의 아름다운 교제를 가능하게 했던 영을 거두어 가신다. 하나님의 영이 죽어버리니 죄는 더욱 악해지고, 어둠이 어둠을 불러오는 악순환은 반복 될 수밖에 없다. 그런 인간을 향해 "여호와께서 이르시되 나의 영이 영원히 사람과 함께 하지 아니하리니 이는 그들이 육신이 됨이라"(창6:3) 선포하신다. 하나님의 영이 떠나버린다. 영이 함께 하지 않는 몸, 영이 죽어버린 몸은 더 이상 하나님의 형상이 아닌 육신(육체)이 되어 버린다. 육신은 하나님의 거룩한 진리, 생명, 그 무엇도 공급 받지 못한다. 오직 죄의 지배를 받을 뿐이다. 그렇기 때문에 내 마음은 원하지 않지만 몸의 사욕에 순종하는 결과를 가지고 온다. 물론 그리스도의 죽음과 부활로 우리의 영이 회복 되었고, 하나님과 화목 되었지만 죄 된 습성은 여전히 우리의 생각을 지배한다. 우리가 매순간 경험하는 것처럼 죄의 세력은 너무나 강하다. 그리스도의 은혜로 산자가 되었지만 의로운 자로 온전히 살아내는 것이 힘에 겹도록 한다.

예수 그리스도 안에서 다시 살아난 자, 영원한 생명을 소유한 자, 그러나 죄 앞에서 무릎을 꿇는 우리다. 그렇지만 사망의 권세를 이기신 그리스도처럼 우리의 지체를 의의 병기로 하나님께 드려야 한다. 죄가 너희를 주장하지 못한다는 말이 무엇을 의미하는가. 믿는 자들은 은혜 아래 있다는 것으로서 곧 예수 그리스도의 그늘 아래 있다는 것이다. 그리스도보다 세상을 더 사랑하지 않고, 나를 더 사랑하지 않을 수 있는 것이다. 죄를 거부할 힘이 없지만 그리스도의 능력 아래 머무르고 있기 때문에...

:: 묵상 나눔

우리는 그리스도보다 나를 더 사랑하지 않습니다. 우리는 그리스도보다 부를 더 사랑하지 않습니다. 우리는 그리스도보다 죄악된 것들을 더 사랑하지 않습니다. 우리는 그리스도보다 세상을 더 사랑하지 않습니다. 그러나 죄가 나의 머리를 들게 하려고 여기저기서 치고 들어옵니다. 이것저것 온갖 것으로 은혜 앞에서 비참하게 하려합니다.

그러나 죄가 믿는 우리를 부도덕한 행위들로 유혹한다면 우리 그리스도인들은 더욱 고결한 자로 단련 될 것입니다. 교만으로 우리를 유혹한다면 우리 그리스도인들은 더욱 겸손으로 하나님 앞에 무릎 꿇을 것입니다. 나태하고자 하는 마음이 밀려오면 우리 그리스도인들은 영혼을 더욱 부지런하게 하여 선한 일에 부요한 자가 될 것입니다. 탐욕의 유혹이 손짓하면 우리 그리스도인들은 더욱 여유로운 마음으로 이웃을 돌아볼 것입니다. 분노하게 하는 누군가가 있어 미움으로 물들어가고 있을 때 마음을 다스리라는 하나님의 말씀에 순종하도록 힘쓸 것입니다. 우리 그리스도인들은 법 아래에 있지 않고 은혜 아래 있기 때문입니다.

물론 우리는 유혹에 넘어져 죄 앞에서 또 절망하며 눈물을 흘릴 것입니다. 우리 지체를 의의 병기로 하나님께 드리기를 마음으로는 수없이 다짐하지만, 다짐하는 그 이상으로 죄 아래 놓이기를 수없이 반복할 것입니다. 사욕에 넘어지고, 불의의 지체가 되어 하나님의 은혜를 부끄럽게 하기를 반복할 것입니다. 넘어지고, 무너지고, 그래서 부끄러운 모습이겠지만 그리스도보다 나를 더 사랑하지 않고, 그리스도보다 부를 더 사랑하지 않으며, 그리스도보다 죄악된 것을 더 사랑하지 않습니다. 우리는 그리스도보다 세상을 더 사랑하지 않습니다.

:: 기도 나눔

하나님 아버지, 그리스도보다 나를 더 사랑하지 않는 것 주님이 아십니다. 그리스도보다 부를 더 사랑하지 않는 것 주님이 아십니다. 그리스도보다 죄를 더 사랑하지 않는 것 주님이 아십니다. 그리스도보다 세상을 더 사랑하지 않는 것 아십니다. 여전히 무너지지만 주님을 사랑하는 것 아시오니 매일의 시간에 긍휼을 베풀어 주시옵소서.

26. 6:15-23

죄로부터 해방 된 의의 종

:: 말씀 나눔

하나님과 단절된 마음, 그 몸의 결과는 죄의 왕 노릇, 불의의 병기, 죄의 주관 아래 있게 했지만 의의 종은 은혜 아래 있게 한다. 그 결과로 죄의 종은 사망을 가지고 오지만, 의의 종은 영생으로 향하는 길을 열어준다. 이제 본문은 죄와 은혜를 주인과 종의 관계로 비유한다. 주인과 종의 비유를 통해 인정하는 것들 중 가장 큰 특징은 지배권이다. 주인과 종의 관계 속에는 명령과 순종밖에 없다. 종은 개인의 자유로운 일상을 위한 그 어떤 결정권도 주어지지 않는다. 존재하는 것 자체가 주인을 위한 것이다. 아침을 맞고 저녁을 맞는 것도 주인을 위해서, 먹고 마시고 쉬는 것도 결국은 주인을 위해서다. 들에 나가 밤이 맞도록 땀을 흘리며 수고하는 이유도 주인을 위해서다. 주인에게 소속된 자로서 당연한 의무이며 책임이다. 바울 당시에 종은 재산의 일부로서 사고팔 수 있는 신분이었다. 주인이 다른 사람에게 팔면 종은 새 주인에게 소속이 되고, 또 다른 곳으로 팔려 가면 그곳에서 새로운 주인을 섬기는 일에 온힘과 마음을 다해야할 뿐이다. 종이 할 일은 오직 주인에게 최선을 다하는 것뿐이다.

우리는 죄의 종으로부터 해방되어 의의 종이 되었다. 의의 종이 되었다는 것은 곧 하나님의 종이 되었다는 것이요, 이는 마음으로 순종하여 주인 되시는 하나님을 만족하게 해야 하는 의무가 주어진다. 마음으로 순종하는 것은 마지못해 순종하는 것이 아니다. 하나님을 향하여 진심으로 감사하는 것이며, 자발적인 순종이 곧 의의 종의 모습이다. 의의 종이 되지 못하고 죄의 종이 되는 것은 의에 대하여 자유(무지)로운 것이다. 의에 대하여 무지(자유)하다는 것은 무엇인가. 무지는 하나님의 의를 기준으로 하지 않고 인간의 의를 기준으로 하는 것이다. 하나님의 의는 거룩한 인격이고, 경건의 삶을 이루는 것이다. 거룩한 인격이 되기 위해 내 안에 잠재해 있는 죄와 죽기까지 싸워야한다. 경건한 삶을 살아내기 위해 나를 만족하게 하는 사욕을 죽여야 한다. 물론 쉽지 않는, 힘에 겨운 눈물을 흘려야 한다. 그러나 우리는 의의 종이다. 그러니 마음이 원하는 대로 몸을 맡기는 것은 참 부끄러운 일이다.

인간은 하나님 안에 있는 길과 하나님 밖에 있는 길, 이 두 가지의 길밖에 없다. 하나님 안에 있다는 것은 예수님의 비유에서 답을 얻을 수 있다. 예수님은 자신을 포도나무에 비유하셨고, 우리는 나무에 붙어 있는 가지로 비유하셨다. 하나님 안에 있다는 것은 곧 그리스도 안에 있는 것이다. 그리스도 안에 있는 자는 열매를 맺을 수 있는 삶이요, 부끄럽지 않는 인생이 된다. 그러나 하나님 밖에 있는 사람은 그리스도를 떠난 사람이다. 가지가 포도나무에 붙어 있지 않는다면 죽음 외에 아무것도 기대할 수 없다. 죽은 가지가 되어 생명을 잇는 열매를 얻을 수 없는 삶이요, 그 마지막은 결국 사망이다.

:: 묵상 나눔

농부의 수고와 땀의 결실은 탐스러운 열매가 되어 최선을 다한 그의 마음을 흡족하게 합니다. 열매를 얻기까지 농부의 시간에는 근심과 걱정 두려움이 담겨있고, 온갖 정성과 손길이 닿아 있습니다. 농부가 나무에 최선을 다한 이유는 자기의 소유이기 때문입니다. 우리는 하나님의 소유입니다. 하나님은 우리의 주인이 되시고, 우리는 하나님의 종입니다.

농부가 열매를 얻기 위해 최선을 다하는 것처럼 하나님은 우리의 구원을 위해 예수님을 이 땅에 보내주셨습니다. 열매가 떨어지지 않도록 온 힘을 다하는 농부처럼, 하나님의 은혜는 다시 죄의 종이 되지 않기를 바라시며 우리의 시간과 공간에 성령님께서 함께하시도록 하셨습니다. 열매가 세찬 비바람에 떨어지지 않을까, 뜨거운 태양빛에 상하지나 않을까 세심한 관심을 보이는 농부처럼, 하나님은 우리의 마음과 생각을 살피시고 아침과 저녁을 지키십니다. 우리는 하나님의 존귀한 소유이기 때문에... 하나님은 우리의 신실하신 주인이시기 때문에,,,

작고 예쁜 꽃들이 진 자리에 열매가 맺히고, 결국에는 탐스러운 열매가 되어 주인의 마음을 기쁘게 합니다. 우리도 탐스러운 열매처럼 하나님을 기쁘시게 하면 좋겠습니다. 육신이 연약한 것으로 핑계하지 않고, 죄의 종이였음을 티내지 않았으면 좋겠습니다. 하나님의 종으로, 의의 종으로 승리하는 것 쉽지 않습니다. 나를 기쁘게 하는 것들을 멀리하는 것 너무 어렵습니다. 다짐하고 또 다짐하지만 늘 실패입니다. 그러나 눈물 흘리며 노력하고, 또 노력하는 것만이 우리의 의무이고 책임입니다. 다시는 죄 아래에서 종으로 살아갈 수 없는 우리입니다. 우리는 이미 하나님의 은혜를 알게 되었고, 하나님의 기쁨이 나의 기쁨이 되었습니다.

:: 기도 나눔

하나님 아버지, 탐스러운 열매가 주인을 기쁘게 하는 것처럼, 하나님을 기쁘시게 하는 삶이 되게 하옵소서. 연약하다고 핑계하지 않고, 죄의 습성이 남아 있다는 것으로 정당화하지 않게 하옵소서. 그리스도 안에 있는 영생을 소유한 자로 거룩을 위해 최선을 다하는 의의 종이 되게 하옵소서.

27. 7:1-6

묵은 것과 새로운 것

:: 말씀 나눔

죄로부터 해방되어 이제는 의의 종이 되었다. 율법으로는 도저히 불가능한 은혜가 그리스도 예수 우리 주 안에서 가능하게 한 것이다. 그렇다면 죄와 율법의 관계는 어떻게 되는가. “율법은 진노를 이루게 하나니 율법이 없는 곳에는 범법도 없느니라”(4:15). 율법으로도 분명 하나님의 뜻 안에 머무르는 것이 가능했다. 그러나 인간의 생각은 율법 아래 모든 것을 가두어 버림으로 사람의 마음과 의지를 끊임없이 지적하게 했다. 그러므로 죄로부터의 해방이 되기 위해서는 율법에서도 해방이 전제되어야 한다. 율법으로부터의 해방은 율법을 파기하는 것이 아니다. 율법은 믿음의 의로 구원을 얻는 과정에 그 어떤 영향력을 주지 못하지만 “그리스도는 율법의 마침”(10:4), “율법을 굳게 세우느니라”(3:31) “그리스도의 법”(갈6:2)이라는 말씀을 통하여 율법의 또 다른 기능을 인정한다. 율법은 죄를 깨닫게 하는 도구가 되어 구원을 이루어 가시는 하나님의 역사 안에서 어느 한 부분으로 사용되어 진 것이다.

죄가 우리를 지배하여 하나님과 단절되게 했고, 끝이 없는 추락을 향해 달려가게 한 것처럼 율법도 그러했다. 하나님과 긴밀하고 아름다운 관계가 되도록 해야 할 율법인데, 오히려 하나님과 멀어지게 했고, 오히려 권위가 되어 사람의 외적인 행위들뿐만이 아니라 마음과 생각을 지배하게 된다. 죄를 분별하여 바른 길로 안내해야할 율법이 죄를 더 부추기는 기능을 했다. 이런 율법에만 너무 집착한 나머지 하나님을 향하여 민감하지 못하게 했고, 영적으로는 오히려 무디어지게 했다. 우리는 죄에 대하여 죽어야만 했던 것처럼 율법에 대하여도 죽어야 한다. 죽음이 없이는 율법에서 벗어날 수 없기 때문에 그리스도와 함께 죽고 장사되지 않으면 누구도 율법으로부터 벗어날 수 없다.

율법은 사람이 살아있는 동안에만 주관할 수 있다는 것을 강조하기 위해 혼인법을 비유로 설명한다. 남편(율법)이 살아있다면 그의 부인(그리스도인)은 법적으로 남편에게 매이게 된다. 남편이 살아있음에도 다른 남자에게 들어간다면 그것은 법을 어기는 것으로 방탕한 여자가 되고, 바로 죽음에까지 이르게 된다. 남편이 살아있는 동안에는 법적으로 결코 자유로울 수 없다. 그러나 남편이 죽게 되면 상황은 달라진다. 남편이 죽으면 법으로부터 자유로워지고, 다른 남자에게 들어간다고 해도 죄로 여겨지지 않는다. 누구든지 율법에 대해 죽어야지만 은혜 아래 있을 수 있다.

여기서 죽는다는 것은 율법을 말하는 것이 아닌 우리 그리스도인들을 말하는 것이다. 죄가 완전히 죽을 수 없는 것처럼 율법도 또한 완전히 죽지 않는다. 그리스도의 날까지 죄도 율법도 여전히 존재한다. 그리스도의 죽음에 연합한 우리가 율법에 대해 죽을 때에만 정죄와 지배에서 벗어날 수 있다. 그럴 때 성령의 도움은 마음으로부터 하나님을 순종하게 한다.

:: 묵상 나눔

율법이 만들어 낼 수 있는 가치와 그리스도께서 만들어 낼 수 있는 가치의 차이는 무엇일까요. 옛 언약 율법은 먹으로 쓴 것으로 우리의 심령이 아닌 심령 밖에 기록이 되었습니다. 그러나 그리스도는 새로운 영이 우리의 심령에 머물도록 하셔서 우리의 마음과 생각을 바꾸어주십니다. 성령께서 우리의 마음에 들어와 계셔서 말씀하시며, 권면하시고, 지키시며, 인도해 주십니다.

우리 인생은 나를 기쁘게 하는 일에 매달리고, 만족을 쫓아가며, 행복을 취하기 위해 최선을 다합니다. 기쁨 속에 있으면서 더 큰 기쁨을 얻고자 수고합니다. 충분히 만족할 수 있는 상황임에도 시선을 세상으로 향하게 합니다. 내가 머무는 곳에 행복이 가득한데도 여전히 다른 조건을 내세우고 변명 하는 것은, 역시 더 나은 행복을 원하고 있다는 것이겠지요. 누구보다 우월하여도, 누구보다 탁월하여도, 누구보다 더 능력이 있음에도 만족하지 못합니다.

이와는 다르게 그리스도와 함께 하시는 성령님은 어렵기만 한 현실 속에서도 만족하게 하십니다. 기쁨이 나와 함께하지 않아도, 행복이 저 멀리 달아나고 있는 듯해도, 그리스도 안에서는 모든 것이 신비가 되게 합니다. 우리를 얽매이게 하는 아픈 현실 속에서 무엇을 먹을까 무엇을 입을까 무엇을 마실까 고민해야 하지만, 성령의 도우심은 오늘의 시간에 최선을 다하게 합니다. 나를 위한 걸음을 멈추게 하고, 오늘이 아닌 내일을 기대하게 합니다. 그리고 영원한 하나님의 나라를 더욱 사모하게 합니다.

율법은 우리의 인생이 끝나기까지 자유를 누리지 못하도록 하지만, 그리스도는 성령과 함께 우리의 영을 살리셔서 아름다운 삶, 보배로운 열매가 있는 삶이 되도록 하십니다.

:: 기도 나눔

하나님 아버지, 율법은 나의 마음과 생각이 하나님을 향하지 않도록 합니다. 힘쓰고 애써 달려가게만 할 뿐 정녕 끝은 보이지 않게 합니다. 무엇으로도 만족할 수 없게 하는 율법 아래 머무르지 않게 하옵소서. 오늘을 만족하게 하시는 그리스도의 영 안에서 진정한 평안을 누리게 하옵소서.

28. 7:7-13

탐심, 나를 움직이는 힘

:: 말씀 나눔

율법은 구원을 이루어 가시는 하나님의 역사 안에서 생명을 얻는 길을 알게 했다. "너희는 내 규례와 법도를 지키라 사람이 이를 행하면 그로 말미암아 살리라 나는 여호와이니라"(레18:5). 하나님의 사랑이 율법을 통하여 일하시기에, 율법은 조금 더 선한 길, 조금 더 의로운 길로 인도하는 생명의 법이었다. 죄에 사로잡혀 하나님과 멀어져 버린 이스라엘 백성이지만, 그들의 삶을 떠나고 싶지 않은 하나님의 마음이 율법 안에 담겨 있다. 하나님은 이스라엘 백성의 남편이 되어 그들의 아픔을 위로하고, 마음의 고통을 달래주며, 현실을 이겨내기를 바라셨다. 그러나 하나님의 마음과 뜻에서 더욱 멀어져만 가는 이스라엘 백성이다. 이스라엘 백성은 하나님의 마음을 거부했고 그들 스스로 생명의 법을 파기했다. 그들의 삶은 근본적으로 죄인일 수밖에 없는 인간임을 깨닫게 할 뿐, 그 이상의 무엇도 되지 못한다.

율법은 이스라엘 백성을 통하여 생명으로 연결될 수 없다는 것을 인정하게 했다. 그러나 율법 안에는 분명 은혜와 사망이 동전의 양면처럼 존재한다. 먼저 율법이 은혜라 말하는 것은 하나님의 본성이 되는 거룩함과 경건의 능력이 율법 안에 살아있기 때문이다. 비록 율법이 요구하는 의롭고 선한 삶을 이스라엘 백성이 살아가지 못했지만, 죄를 깨닫게 하는 은혜의 법이 되었다. "네 이웃의 집을 탐내지 말라 네 이웃의 아내나 그의 남종이나 그의 여종이나 그의 소나 그의 나귀나 무릇 네 이웃의 소유를 탐내지 말라"(출20:17). 율법을 통해 하나님께서 말씀하신 탐내지 말라는 명령이다. 이웃의 소유를 탐내지 말라는 율법이 없었다면 탐내는 것이 죄라는 것을 전혀 깨닫지 못했을 것이다. 탐심을 죄로 여기지 않았다면 힘과 권력을 이용한 무자비가 연약한 자들의 삶을 빼앗았을 것이다. 율법이 연약한 자들의 삶과 자유에 울타리가 된 것이다.

두 번째 율법 안에 사망이 존재한다는 것은 죄가 계명을 이용하는 것이다. 하나님은 아담과 하와에게 선악과를 따먹지 말 것을 명령하셨다. 죄는 하와를 유혹할 때 먹지 말라고 하신 그 명령을 빌미로 사용한다. 즉 하나님께서 선악과에 대한 어떤 지시도 하지 않으셨다면, 죄가 하와를 유혹할 명분이 없었다는 것이다. 죄가 하나님의 선한 명령을 악용한 것이다.

죄가 율법을 악용해 죄를 부추기는 결과를 가지고 왔다고 해서 율법이 죄가 되는가. 결코 그렇지는 않다. 율법 자체는 죄가 되지 않는다. 온 인류가 사망 아래 놓이게 된 근본적인 원인은 죄에 있다. 율법이 명분이 되었지만, 율법은 그런 죄의 본질을 드러나게 했다. 그러니 율법은 거룩하고 계명도 의로우며 선하다. 죄를 깨닫지 못해 인정하지 않는다면 그리스도의 죽음과 부활은 나를 위한 사건이 될 수 없다. 내가 누구인지, 어떤 존재인지 깨달아 인정할 때 비로소 십자가의 신비는 나의 신비가 된다.

:: 묵상 나눔

네 이웃의 소유를 탐내지 말라... 하나님의 명령입니다. 죄는 밖으로 드러난 행동에만 국한하지 않습니다. 우리의 깊은 곳, 내면에 자리하고 있는 탐심도 곧 죄입니다. 탐심은 너무나 큰 힘, 영향력을 가지고 우리의 마음과 생각을 지배합니다. 탐심으로 인해 의인은 없나니 하나도 없다는 말씀이 우리 모두를 설득하게 합니다. 행위로 드러나는 죄를 짓지 않더라도 내면에서 꿈틀거리는 탐심으로부터는 누구도 자유할 수 없기 때문입니다.

마음에 자리해버린 죄악을 뿌리째 뽑아내는 것이 불가능한 것처럼,

생각을 지배하는 탐심 또한 완전히 제거하는 것도 불가능합니다. 내가 가지고 있어도 더 좋은 것을 보면 소유하고 싶고, 마음속에 불일 듯 일어나는 시기와 질투는 도대체 걷잡을 수 없는 불길처럼 마음을 태웁니다. 다른 사람보다 화려하지 못하고, 힘과 권력이 없다는 것에 불평합니다. 다른 사람의 소유보다 풍족하지 않으니 만족할 수 없습니다. 타인의 일상과 비교하여 조금 뒤쳐진다 생각하니 비관합니다. 탐심은 주체할 수 없는 길을 선택하게 합니다. 죄가 탐심을 이용하여 더 깊고 깊은 나락으로 한없이 빠져들어가게 합니다.

인간의 불평을 무엇이 잠재울 것이며, 무엇인들 만족하게 할 것이며, 비관하여 일어설 수 없는 이에게 무슨 희망을 줄 수 있겠습니까. 탐심은 성실도, 진실도, 충성도, 그리고 믿음도 무너지게 합니다. 우리의 마음에 도사리고 있는 이 탐심은 생각하는 인간이라면..., 보여 지는 현실 속에서 살아가는 인간이라면...., 누구도 자유 할 수 없습니다. 우리는 죄인이라는 것, 아니 죄인일 수밖에 없다는 것을 인정해야 합니다. 그러니 주님의 십자가는 나의 마음을 위로하는 은혜이고, 주님의 부활은 다시 일어나 한걸음 걸어갈 수 있도록 하시는 능력입니다.

:: 기도 나눔

하나님 아버지, 마음속에 자리하고 있는 탐심이 선한 생각을 멈추게 합니다. 죄는 의로운 길을 향할 수 없도록 탐심을 더욱 부추깁니다. 저에게 허락하신 은사로 자족하게 하시고, 있는 것으로 만족하게 하시고, 눈을 들어 사랑을 전하는 일상이 되게 하옵소서. 보혈의 능력으로 그러하게 하소서.

29. 7:14-20

그러나 승리하게 하시는 율법

:: 말씀 나눔

죄를 깨닫게 하는 율법이었고, 죄를 부추기도록 빌미가 되는 율법이기도 하다. 그러나 율법의 근원은 하나님이다. 그러니 율법이 가지고 있는 실제적 힘은 거룩하고 경건의 능력이 있으며, 의롭고 선한 것임을 알 수 있다. 하나님으로부터의 시작은 곧 신령한(영적인) 것이 된다. "다 같은 신령한 음식을 먹으며 다 같은 신령한 음료를 마셨으니 이는 그들을 따르는 신령한 반석으로부터 마셨으매 그 반석은 곧 그리스도시라"(고후10:3,4). 이스라엘 백성이 광야에서 먹었던 만나는 그저 평범한 음식이지만 하나님으로부터 기원이 되니 신령한 만나가 된다. 광야 어느 한 곳에 놓여있는 평범한 바위이지만 그 바위가 하나님의 능력으로 사용되니 신령한 반석이 된다. 비록 사단의 도구가 되어 죄를 더욱 만들어 내기도 하고, 율법 조문의 묵은 것이기도 하지만 하나님의 영이 함께하는 율법이다. 그러니 은혜의 율법이다.

율법은 분명 신령하다는 것을 안다. 그러나 육신의 테두리를 벗어날 수 없는 인간이기에 아주 쉽게 죄의 포로가 되어 또 다시 죄 아래 팔리게 된다. 우리의 몸 안에 있는 육과 영이 서로 대립하고 있기 때문이다. 우리는 무엇이 선하고 무엇이 죄인 것을 알고 있기에 선한 것을 추구하여 행하고자 한다. 그러나 여전히 미워하는 그것, 죄를 향하여 달려간다. 그래서 의지와 행동이 전혀 일치되지 않는 모순된 우리의 오늘이다. 나의 의지와는 정반대의 길로 가고 있는 나, 내 안에 잠재해 있는 죄성은 나를 비참하게 한다. 넘어서지도 못하고, 부숴버리지도 못하는 육신이다. 이렇게 나의 시간을 채워가는 작은 행동들이 여과 없이 드러나는 것을 보면서 율법이 주는 유익을 인정한다. 율법이 없었다면 죄 아래 놓여 있으면서도 의로운 자라 스스로 자화자찬하는 무지를 보였을 것이다. 율법으로 나를 발견하면서 죄의 무서운 실체, 즉 선을 행하고 싶으나 그 선을 성취하지 못하게 하는 죄를 발견한다.

바울 당시 스토익(스토아학파) 철학자들은 말한다. "인간이 추구하는 고상한 명분과 각종 감정과 욕망으로 뒤범벅이 된 실제 삶의 현장 사이에는 서로 다른 자아가 내적인 싸움을 벌이고 있다" 쿰란 문헌에서도 하나님이 구원을 완성하는 날까지 인간에게 두 가지 영, 즉 진리의 영과 거짓의 영을 심어두셨는데, 이 두 영은 끊임없이 대립하고 있다는 기록이 있다고 한다.

물론 바울은 강력한 죄를 인간의 무엇에 돌리지 않고 아담에게 그 뿌리를 둔다. 문제를 일으키는 근원은 죄에 있다. 내 속에 선한 것을 몰아내고 악으로 물들여 버리는 육신은 죄의 산실이 되어버렸다. 연약한 육신을 이용하는 죄, 신령한 율법까지도 악용하는 죄는 우리로 원하지 않는 것을 행하게 한다. 그러니 선을 행하지 않는 것은 하나님을 향하고 있는 내가 아니요, 내 속에 이미 자리해 버린 죄가 그 원인이 된다.

:: 묵상 나눔

생명이 있는 식물에는 내리는 비가 영양분이 됩니다. 생명이 있으니 불어오는 바람도 소중하고, 뜨거운 햇볕도 식물을 더욱 튼튼하게 합니다. 그러나 생명이 없는 식물에는 내리는 비도, 불어오는 바람도, 뜨거운 햇볕도 오히려 더 썩어지고 타들어 가게 할 뿐입니다. 아무리 좋은 영향을 공급한다고 해도 그 안에 생명이 존재하지 않으면 의미가 되지 못합니다. 율법도 이와 같습니다. 하나님의 생명을 가진 사람에게는 율법이 비가 되기도 하고, 바람이 되기도 하며, 때로는 뜨거운 햇볕이 되어 우리의 존재 이유를 잊지 않게 합니다.

율법 자체는 영적인(신령한) 것이기에 가장 적당한 때를 알고, 시기를 알아 성숙한 그리스도인이 되도록 돕습니다. 그러나 생명을 가지고 있지 않은 사람에게는 율법이 멍에가 될 뿐 어떤 영향도 받지 못합니다. 그저 죄의 도구가 될 뿐입니다. 물론 하나님의 생명이 있다고 해서 율법이 요구하는 것을 다 성취할 수 없습니다. 내 안에 있는 죄성, 그 죄의 영향력은 나의 의지를 무너지게 하고, 신령한 율법까지 악용합니다. 심지어 우리의 몸과 생각에 일부가 되어 오히려 우리를 주장합니다. 내 안에 있는 선을 몰아내고 악화일로의 길을 향하게 합니다. 분명 선한 것을 알면서도 그 선을 행하지 못하는 데에서 오는 괴리감으로 우리는 고통스러워합니다.

그러나 우리는 각자에게 주어진 길을 걸어가야 하고, 마지막까지 포기하지 않아야 합니다. 죄는 우리의 길을 막고, 우리로 걸어가지 못하게 할 것이며, 끝내 포기하도록 온갖 변명거리를 제공할 것입니다. 그러나 우리가 확신하는 것이 있습니다. 그 길은 분명 쉽지 않을 것을 압니다. 그러나 그 길에 우리의 하나님께서 생명의 비로, 바람으로, 때로는 햇볕으로 우리와 동행 할 것입니다.

:: 기도 나눔

하나님 아버지, 마음으로는 선을 행하려고 하는데, 선을 실천할 힘이 전혀 없습니다. 하나님은 비와 바람으로 함께 하시고, 뜨거운 햇빛으로 찾아오시는데 그 영적인 힘을 어느새 죄란 존재가 막아섭니다. 그러나 승리하도록 도우시는 성령님으로 내가 걸어가야 할 길을 포기하지 않게 하옵소서.

30. 7:21-25

곤고한 인생

:: 말씀 나눔

세상에 선과 악 두 시대가 존재하는 것처럼 우리의 마음에도 대립 되는 두 법이 있다. 바로 하나님(속사람--마음의 법)의 법과 죄(지체-다른 법)의 법이다. 하나님의 법은 거룩하고 선한 것을 추구하며, 옳은 것은 분별할 줄 알아 그대로 따르고 행하도록 한다. 그러나 죄의 법은 다르다. 거룩하고 선한 것을 거부하도록 하고, 육신의 일을 도모하도록 한다. 서로 다른 영향력 속의 선과 악은 '나'라고 하는 존재 안에 있는데, 끊임없이 악을 부추기는 죄와는 다르게 마음이 선을 향하도록 독려한다.

죄의 몸은 온갖 탐심과 욕망으로 이루어져 있고, 속사람은 하나님의 법을 따르고자 하는 선한 의지로 이루어져 있다. 죄에 사로잡힌 '나'이지만 동시에 '나'는 신령한 율법이 요구하는 것을 분별할 줄 알고, 구원에 이르는 은혜를 고백하며 따르고자 한다. 율법이 선한 것을 알지만, 한계를 가지고 있는 '나'이다. 그래서 하나님의 법과 죄의 법 사이에서 늘 갈등하는데, '나'는 어느새 악을 향하여 손을 들고 있다.

율법은 '나'라고 하는 존재 안에 선을 향한 '나'와 악을 향한 '나', 두 마음의 '나'가 공존하고 있다는 것을 깨닫게 했다. 선에 속한 '나'는 마음으로서의 '나'이다. 즉 그리스도의 죽으심 안에서 그리스도와 연합된 '나'로서 하나님의 율법을 경험한 '나'이다. 이와는 다른 '나'는 육신으로서의 '나'이다. 여기에서의 '나'는 그리스도 밖에 있는 '나'로서 하나님의 율법을 경험하지 못한 '나'이다. 그리스도와 연합한 '나'는 속사람으로 하나님의 법을 즐거워하고, 선을 행하고자 한다. 그러나 그리스도 밖에 있는 '나'는 죄와 연합하여 속사람의 의지와 결단을 끝내 이겨내지 못하도록 하고야 만다. 너무나 강렬한 죄의 세력에 무참하게 무너지는 속사람은 옳은 것을 알면서도 그 옳은 것을 할 수 없는 '나'를 발견하게 한다. 또다시 죄 앞에 서 있는 '나'는 "오호라 나는 곤고한 사람이로다 이 사망의 몸에서 누가 나를 건져내랴" 한탄할 수밖에 없다.

사망의 구렁텅이에 주저앉아 있다면 어떤 육신도 스스로 그곳을 헤어 나올 수 없다. 그러나 눈을 들어보니 어둠이 아닌 은혜의 빛이 싸늘한 육신을 감싸고 있다. 그저 곤고하기만 한 육신, 사망의 몸을 그리스도의 죽음과 부활의 능력이 높이 일으켜주신다. 육신의 '나', 무엇으로도 답을 줄 수 없었던 '나'인데, 은혜로부터 시작된 자유가 나를 주장하고 있다.

은혜로 의로워진 '나'이지만 여전히 죄악 된 '나'를 보니 하나님, 그 은혜의 하나님을 찬양하지 않을 수 없다. 의로워진 마음과 죄악 된 육신, 하나님의 법과 죄의 법은 내 안의 '나'를 주장하여 끊임없이 대립할 것이다. 이것이 우리 그리스도인들의 현실이다. 결코 피할 수 없고 간과할 수 없는 영적 전쟁 속에서 살아가는 우리이다. 그러나 하나님은 그 자리에서 언제나처럼 우리와 함께 하신다.

:: 묵상 나눔

오호라 나는 곤고한 사람이로다 이 사망의 몸에서 누가 나를 건져내랴. 곤고한 인생, 비참한 인생의 소리 없는 외침입니다. 한 그리스도인의 그토록 처절한 눈물이 결코 그만의 눈물이 될 수 없는 것은 '나' 또한 그와 같은 눈물이 마르지 않기 때문입니다. 죄의 법을 좇는 '나'는 어느 한순간도 평안할 수 없는 인생인데, 마음의 법을 소유한 '나'는 오늘도 주어진 일을 위해 일어나 걷고 있습니다. 육신으로서의 '나'는 어느 한순간도 하나님의 선한 역사가 되지 못하는데, 속사람으로서의

'나'는 선한 역사를 기대하며 긴 호흡을 하게 합니다. 율법으로는 어느 한순간도 마를 수 없는 눈물인데, 성령으로는 눈물의 양보다 더한 평안을 누리게 합니다.

인간 예수님의 고통 앞에서 어느 한순간인들 "그래도 선했습니다." 말할 수 있겠습니까.

인간 예수님의 눈물 앞에서 어느 한순간인들 "그래도 진실했습니다" 말할 수 있겠습니까.

인간 예수님의 침묵 앞에서 어느 한순간인들 "그래도 잘 참아냈습니다" 말할 수 있겠습니까.

인간 예수님의 고뇌 앞에서 어느 한순간인들 "나는 아니지요" 말할 수 있겠습니까.

인간 예수님의 절규 앞에서 어느 한순간인들 "그래도 최선을 다했습니다" 말할 수 있겠습니까.

인간 예수님의 죽음 앞에서 어느 한순간인들 "이만하면 되겠지요" 말할 수 있겠습니까.

과연 어느 한순간인들 "하나님을 위해 여기 이 자리에 서 있습니다." 말할 수 있겠습니까. 그럼에도 불구하고 지금 나는 부활의 주 그리스도의 영광 앞에 서 있습니다.

죄 앞에 무릎을 꿇은 나인데, 선을 알면서도 그 선을 행할 수 없는 나인데, 하나님의 법을 즐거워하면서도 여전히 죄의 법에 사로잡혀 있는 나인데, 그런데 돌아보고 또 돌아보아도 하나님의 사랑이 여전히 그 자리에 머물러 있습니다. 그 은혜는 오늘도 변함이 없으십니다. 나를 향하여... 우리를 향하여...

:: 기도 나눔

하나님 아버지, 어느 한순간도 마음의 법을 좇지 못했습니다. 죄악의 구렁텅이에서 허우적대는 그때 다시 손을 내밀어 주셨지만, 그 은혜는 또 순간으로 끝나고 말았습니다. 어찌할 수 없는 마음의 무거운 짐을 가지고 자비로우신 하나님의 은혜 앞에 섭니다. 다만 긍휼을 베풀어 주시옵소서.

31. 8:1-4

그리스도가 내 안에, 성령님이 내 안에

:: 말씀 나눔

"그리스도 예수 안에 있는 자에게는 결코 정죄함이 없나니 이는 그리스도 예수 안에 있는 생명의 성령의 법이 죄와 사망의 법에서 너를 해방하였음이라" 구원의 특성을 가장 분명하고 선명하게 설명해주는 말씀이다. 아담의 시대는 죄악을 아주 깊이 뿌리 내리게 했다. 죄를 분별할 수 있는 자이든, 분별할 수 없는 자이든 모두 어둠에 익숙해지도록 했다. 죄악을 정죄 할 뿐 누구도 구원에 이르는 은혜를 주지 못한다. 그렇게 희망이 없는 그곳에 예수님이 계신다. 하나님과 회복할 수 없는 땅을 그리스도 예수님은 정죄하지 않으시고, 오히려 아담의 모든 시간과 공간을 품으신다. 아담으로부터 시작된 자유도, 정죄도 그 모양이 어떠하든 그 모든 것을 있는 그대로 받아주신다. 그리스도 예수 안에 있는 생명의 성령의 법이 죄와 사망의 법에서 해방하도록 한다. 율법으로는 도저히 불가능한 의로운 길을 이제는 생명의 성령의 법으로 조명한다. 하나님께서 성령으로 하여금 새로운 질서를 열어주신다.

곤고한 우리, 비참한 우리는 죄악으로 가득한 하루하루였다. 신령한 율법이 있지만 구원은 불가능하고 하나님의 진노아래 있다는 것을 우리로 알게 했다. 그런데 새로운 법이 그리스도인의 어제와 오늘 그리고 내일을 비추어 준다. '그러므로'를 가능하게 한 그리스도 예수 안에 있는 생명의 성령의 법으로.....

생명의 성령의 법은 율법이 요구하는 삶과 육신으로는 감당하지 못하는 삶, 서로 다른 두 삶의 간극을 메워주셨다. 율법은 하나님의 법으로부터 더욱 멀어지게만 할 뿐 하나가 될 수 없도록 했지만, 성령의 법은 그 두 마음의 사이를 예수님의 보혈로 채워주신다. 마치 아무런 일도 없었던 것처럼 우리로 고개를 들게 하신다. 죄의 법은 사망과 짝하여 참담한 실패 속에 살아가도록 하지만, 성령의 법은 생명과 짝하여 사망으로부터 해방되게 한다. 생명의 성령의 법 아래 있다는 것은 내가 나를 책임지지 않는 것이다. 우리의 지성과 감정, 의지를 성령께서 친히 간섭하시고 붙잡아 주신다.

십자가에서 죄인의 죽음을 대신 감당하신 그리스도이시다. 율법이 육신으로 말미암아 할 수 없는 대속 사건이기에, 하나님께서 사랑하는 아들 예수님께 맡기셨다. 예수님은 하나님이시지만 죄인으로 살아가는 육신의 모양 그대로 세상에 오셔서 하나님의 뜻을 이루셨다. 육신은 연약하기에 율법이 무력해지게 했으나 그리스도는 이런 육신의 연약함과 율법의 무력을 외면하지 않으시고 하나님께 대하여 순종하셨다. 육신을 따르지 않고 하나님의 뜻을 이루신 그리스도는 결국 육신의 연약을 정죄하지 않으시고, 율법의 가치까지 새롭게 하셨다. 그리고 생명의 성령의 법을 허락하셨다. 율법의 요구를 따를 수 없었던 육신이지만 생명의 성령의 법은 이런 우리로 율법의 요구를 이룰 수 있도록 돕는다.

:: 묵상 나눔

아담이 불러온 죄는 우리의 영이 죽어 생명을 잃은 육신이 되게 합니다. 생명을 잃은 육신은 지성이 하나님을 떠나게 했고, 감정이 세상을 향하게 했고, 의지는 언제나 죄 앞에서 무너지게 합니다. 육신은 삶의 목적도 존재하는 이유도 깨닫지 못한 채 세월에 몸을 맡기는 무의미한 삶이 되게 합니다. 의미를 잃은 들숨이고, 목적이 없는 날숨입니다.

이런 우리에게 하나님은 그리스도가 되시어 찾아오셨고, 거룩한 영으로 우리의 영이 깨어나도록 하십니다. 그리고 육신의 몸이 그리스도 안에 있게 하시고, 거룩하지 못한 육신에 성령께서 임재하게 하십니다. 그리스도 안에서 나를 보니 어느 한순간도 내 뜻대로 할 수 없다는 것을 알게 됩니다. 성령께서 내 안에 계시니 할 수 없었던 그것을 할 수 있도록 지혜와 능력을 주십니다. 그리스도 밖에 있을 때는 타인을 정죄했습니다. 성령님의 임재를 신뢰하지 못했을 때는 후회와 절망으로 인생의 바닥을 드러냅니다. 그러나 그리스도 안에 있고, 성령께서 임재하시니 마음과 생각이 넉넉해집니다. 하나님께서 정죄하지 않으시니 교만이 오히려 나를 부끄럽게 합니다. 그리스도의 사랑이 나의 마음을 채우니 힘겨운 상황 속에서도 내 안의 영이 기뻐 춤을 추고 있습니다.

우리의 정죄는 타인만 죽이는 것이 아닙니다. 나의 마음과 생각도 함께 생명을 잃어 가도록 합니다. 그러나 이제는 나의 언어가 푸르른 잎사귀처럼, 나의 생각이 돋는 햇살처럼 그렇게 빛나기를 바라봅니다. 우리는 모두 그리스도 안에 있기에 감히 꾸어보는 꿈입니다. 그리스도 안에서, 성령님의 임재를 느끼며 오늘을 살아간다면 누구도 정죄하지 않으시는 사랑이 함께 하시겠지요. 그 은혜로 우리는 오늘보다 나은 내일이 될 수 있습니다.

:: 기도 나눔

하나님 아버지, 우리로 그리스도 안에 있게 하시니 감사합니다. 지저분하고 교만한 마음에 성령님 임재하시어 거룩한 자녀라 불러주시니 감사합니다. 우리의 마음과 입술이 그리스도 안에 있게 하옵소서, 성령님의 도우심으로 오늘보다 나은 내일을 기대하며 하나님의 뜻이 되게 하옵소서.

32. 8:5-11

하나님의 영을 따르는 자

:: 말씀 나눔

세상에는 두 부류가 있다. 먼저는 하나님을 믿음으로 영을 따르는 자이고, 하나님을 거부하여 육을 따르는 자다. 하나님의 영을 따르는 자는 영의 일을 생각하게 되고, 율법의 요구를 이룰 수 있다. 영의 생각은 생명과 평안이기에 그 영이 함께 하는 삶은 생명을 만들어 낼 수 있다. 그러니 가치 있는 삶이 된다. 하나님의 영이 없으면 유한을 가지고 있는 우리로서는 율법에 한계를 가질 수밖에 없다. 그러나 영이 함께 할 때 하나님의 무한하신 능력이 곧 함께 하는 것이고, 영을 따르는 자는 한계로부터의 자유가 주어진다. 육신을 따르는 자는 육의 일을 생각니 사망에 이르게 된다. 그리고 그 결과는 음행과 더러운 것과 호색과 우상 숭배와 주술과 원수 맺는 것과 분쟁과 시기와 분냄과 당 짓는 것과 분열함과 이단과 투기와 술 취함과 방탕함과 그와 같은 것들이다. 육의 생각은 생명이 아닌 사망으로 향하게 하지만, 영의 생각은 영이 지배하는 자요, 하나님의 영이 그 안에서 역사하는 인생이다.

우리의 마음에 하나님의 영이 없으면 누구도 그리스도의 사람이 될 수 없다. 하나님의 영이 우리 안에 거할 때만 그리스도를 주라 시인할 수 있으며(고전12:3), 그리스도의 사람이 될 수 있다. 즉 그리스도인은 하나님의 영을 통해 그리스도 안에 거하게 되고, 그리스도는 하나님의 영을 통해 그리스도인 안에 거하신다. 그리스도께서 우리 안에 거하시면 몸은 죄로 말미암아 죽게 되지만, 영은 의로 말미암아 우리 안에 살아있게 된다.

하나님은 아담에게 선악과를 따먹으면 반드시 죽게 될 것이라고 말씀하셨다. 그럼에도 아담은 하나님의 말씀을 거역했고 선악과를 따먹게 된다. 하나님께서 정녕 죽으리라 말씀하셨으나 아담의 몸은 그대로 존재했다. 이 사건을 통하여 죽음은 곧 생명이 끝나는 것을 말하는 것이 아닌, 영이 죽었다는 것을 말하고 있음을 알 수 있다. 우리안에 하나님과 화목하게 하는 영이 죽어버린 것이다. 예수님은 죽은 나사로를 다시 살리실 때 "무릇 살아서 나를 믿는 자는 영원히 죽지 아니하리라" 말씀하신다. 즉 육신이 죽어 생명이 없으나 영은 죽지 않고 잠을 자고 있는 것이다. 그리스도의 죽음과 연합하여 하나님의 영이 거하는 사람은 육신의 호흡이 끝난다 해도 그 영은 죽지 않고 살아있다.

하나님은 예수님을 죽은 자 가운데서 살리시고 부활의 주 그리스도가 되게 하셨다. 하나님의 영이 그리스도의 부활에 함께 하신 것이다. 우리의 마음 안에 거하시는 하나님의 영은 생명과 평안을 주시며, 하나님을 기쁘시게 하는 삶이 되도록 도우신다. 물론 율법을 온전히 지켜내지 못하지만 다시 일어날 수 있는 은혜가 그 안에 있다. 하나님께서 그의 영으로 예수님의 죽음을 부활의 주 그리스도가 되게 하신 것처럼, 하나님의 영이 거하는 우리에게도 마지막 날에 영원한 생명으로 일어나게 하신다.

:: 묵상 나눔

육신이 잠든 밤사이에도 우리의 호흡이 멈추지 않습니다. 깊은 잠에 빠져 생각이 쉬는 동안에도 하나님의 영이 함께 하시니 새로운 날을 맞게 되고, 인생을 살아갑니다. 잠자리에 들면서 아침에 일어나지 못하면 어쩌지... 의심하는 사람은 없습니다. 늘 그래왔듯이 아침이 되면 일어날 것을 확신합니다. 하나님의 영에 나의 인생을 맡긴다는 것은 잠자리에 드는 것과 같습니다. 어떤 의심 없이 새날을 기대하며 잠자리에 드는 것처럼 말입니다. 지금까지 그러하셨듯 하나님의 영은 우리와 함께하실 것이고, 여전히 우리의 지성과 의지를 지켜주십니다.

영 안에 머무르지 않는 것은 병아리가 어미 닭의 품을 떠나는 것과 같습니다. 어미의 품 안이 얼마나 소중한지 알지 못하는 병아리는 세상이 너무 궁금해 어미의 따듯한 품을 떠나봅니다. 세상을 보니 눈도 생각도 마음도 복잡해집니다. 가는 곳마다 보암직한 볼거리들이 눈을 즐겁게 하고, 먹음직도 한 먹을거리가 넘쳐납니다. 그뿐만이 아닙니다. 지혜롭게 할 것 같은 온갖 것들이 여기저기서 유혹을 합니다. 어미의 품이 아니어도 세상이 자기를 보호해 줄 것 같고, 더할 나위 없이 행복한 일상이 될 듯합니다.

그런데 세상은 세상일뿐입니다. 무엇으로도 만족할 수 없는 일상이 되게 합니다. 오히려 인생을 더욱 외롭고 곤고하게 합니다. 세상은 아픔을 치료할 수 없고, 그저 만족에 대한 대가만을 요구합니다. 소리없는 따뜻한 미소를 기대하는데, 오히려 싸늘한 소리로 마음이 울게 합니다. 사랑의 손을 내밀었는데, 차가운 시선으로 답을 합니다. 결국 회복이 불가한 현실 속 내가 됩니다. 그런 나에게 하나님은 그리스도 안으로 초대하십니다. 그리고 하나님의 영을 통하여 회복하도록 하십니다. 그 사랑이 얼마나 신비롭고 놀라운지 알 수 있도록 따뜻한 손을 내밀어 주십니다.

:: 기도 나눔

하나님 아버지, 하나님의 영을 따라 살아간다는 것은 참 놀라운 은혜입니다. 율법으로는 이룰 수 없는 한계인데, 하나님의 무한으로 한계를 넘어설 수 있으니 이 또한 은혜입니다. 자비로우신 하나님 마지막까지 그리스도 안에 머무르게 하시고, 하나님의 영과 동행할 수 있도록 도와주옵소서.

33. 8:12-17

양자의 영을 받은 우리

:: 말씀 나눔

하나님의 영이 지배하기에 정죄는 제거 되었고, 우리에게는 영원한 생명의 길이 열려지게 되었다. 이 길은 예수 그리스도로부터 주어진 대속이고, 아름다운 약속의 성취다. 하나님의 영은 깨닫게 하시는 은혜가 되어 우리의 것이 되었다. 삼위의 하나님께서 허락하신 영원한 생명의 길은 우리로 빚진 자가 되게 했다. 이 빚은 오직 은혜로 시작 된 것이기에 이제는 육신에 지지 않는 삶, 거룩한 성화의 길을 우리에게 요구한다. 하나님의 영이 함께하는 우리인데 여전히 육신(죄)대로 살면 반드시 죽을 수밖에 없다. 물론 육신으로는 불가능하다. 그러나 성령의 도움심이 있기에 몸(육신)의 행실을 죽일 수 있다.

하나님의 은혜에 잇닿아 있는 그리스도인은 이기적이거나 방종한 삶이 아니라 선을 위해 투쟁하며 절제와 자기 자신을 이겨내는 삶이 되어야한다. 구원을 얻기 위하여 우리가 한 일은 아무것도 없다. 오직 하나님의 은혜에서 온 것이었다. 그러나 몸의 행실을 죽이는 성화의 과정은 나의 눈물을 흘리며 이겨내야 한다. 하나님께서 주시는 환난이나 고통도 성화를 위한 과정이 되게 한다. 주 앞에 서는 날까지의 모든 과정이 거룩을 위한 시간이다. 오늘의 참패, 눈물, 절망이 오늘로 끝나지 않을 것이고, 내일이면 새롭게 인사할 것이다. 우리의 힘으로는 온전한 삶을 사는 것이 불가능한 것을 안다. 그러나 성령님을 의지하며 포기하지 않는다면 분명 오늘보다 나은 내일이 될 것을 또한 우리는 안다.

하나님의 영은 우리로 하나님과 새로운 관계가 되도록 인도해 주시는데, 그

것은 하나님의 아들들이 되는 것이다. 그리스도 안에서 믿음으로 하나님을 아버지라 부르게 된 우리는 곧 성령의 인도를 받아 양자의 영을 받은 것이다. 하나님의 아들, 양자가 된 우리는 더 이상 무서워하는 종의 영을 받지 않고, 양자의 영을 받게 된다. 종의 영은 노예일 뿐 어떠한 자유도 누릴 수 없다. 죄와 율법과 사망의 올무로부터 해방이 되었는데 자유를 누리지 못하고 무서움에 갇혀 살아간다. 그렇게 되면 하나님의 영광이 될 수 없으며 감사도 알 수 없다. 그러나 양자의 영은 우리가 하나님의 자녀인 것을 알게 한다. 모든 사망으로부터 자유로워졌다는 것을 알고, 감사를 알기에 하나님을 아바아버지라 부를 수 있다. 성령께서 우리의 영을 깨우셨기에..., 하나님의 영광이 되고자 하고, 매일의 삶에 감사를 고백하게 된다. 예수님을 믿고 십자가를 인정하게 된 것처럼 우리에게 주어진 양자로서의 자격도 알게 된다.

하나님의 자녀가 되었다는 것은 곧 하나님의 상속자가 되었다는 것이다. 그렇다면 하나님의 자녀인 우리는 무엇을 상속받았을까. 그리스도를 믿음으로 그와 연합하게 되었고, 하나님의 영이 우리를 떠나지 않는 영광과 영생이다. 그러니 그리스도의 고난도 또한 우리의 일상과 연합되어 있다.

:: 묵상 나눔

율법 안에서 느끼는 인간의 절망은 그리스도인이 되었을 때에만 가능한 고백입니다. 육신에 속해 있을 때는 결코 알 수 없고, 볼 수도 없는 무지의 시간입니다. 하나님의 은혜인 양자의 영을 받지 못했으니 어쩌면 당연한 결과이겠지요. 하나님의 양자가 되었다는 것은 더 이상 종의 노예일 수 없다는 것을 의미합니다. 종의 영은 하나님의 아들(양자의 영)이 된 신분의 변화를 알지 못하고, 그저 노예 상태로만 머물러 있는 것입니다. 주인과 종의 관계 속에서는 죄로부터 오는 두려움과 절망만 있을 뿐 진정한 자유가 없는 암울한 시간의 연속입니다.

그러나 양자의 영은 다릅니다. 율법으로부터의 자유가 있고, 죄로부터의 자유가 있으며, 무엇보다도 영혼이 춤을 추는 은혜가 있게 됩니다. 하나님의 무한하신 사랑, 그 놀라운 세계에서 우리의 현실을 비추어 진정한 감사가 무엇인지 깨달아 고백하도록 합니다. 그런데 양자의 영을 받았다고 해서 우리의 삶이 은혜를 깨닫는 순간부터 완벽해지지는 않습니다. 생명과 빛으로 나가면 나갈수록 오히려 부족함만 더욱 느낄 뿐입니다. 하나님의 말씀과 늘 함께 했던 이사야 선지자입니다. 그런 그에게 하나님의 영광이 임하게 됩니다. 하나님의 빛 앞에서 그의 모습을 보니 고백하는 것은 '화로다 나여 망하게 되었도다 나는 입술이 부정한 사람이로다'는 고백입니다. 이제야 나의 모습을 바로 보게 된 것입니다.

하나님의 영광, 그 거룩하심 앞에서 우리는 결코 선할 수도 없고, 거룩할 수도 없습니다. 부족함이 우리의 시간을 가득 채워갑니다. 그러나 부족한 우리의 오늘도 하나님의 시간 안에 있네요. 그리스도의 빛이 우리의 심령을 채우시네요. 영원히 변할 수 없는 진리, 우리는 하나님의 자녀이기 때문에...,

:: 기도 나눔

하나님 아버지, 양자의 영을 받았음에도 그 은혜를 누리지 못하고 다시 종의 영으로 살아가지 않게 하옵소서. 성령님께서 친히 나의 영과 더불어 하나님의 자녀인 것을 잊지 않도록 도와주시옵소서. 간절히 기도하오니 하나님의 상속자로서 그리스도의 고난에도 연합할 수 있도록 도와주소서.

34. 8:18-25

영광을 위한 고난

:: 말씀 나눔

예수 그리스도의 고난과 영광이 불가분의 관계였던 것처럼 오늘을 살아가는 우리 그리스도인에게도 고난과 영광은 불가분의 관계가 된다. 그리스도인으로 살아가기에 받는 고난, 우리를 연단하시기 위해 하나님께서 허락하신 고난, 육신으로 살아가기에 만나야하는 고난이다. 그러나 우리의 연수가 칠십이요 강건하면 팔십이라고 했다. 날아가는 듯 신속히 지나가는 세월이요, 아침 안개와 같다고 하니 우리가 이겨내야 하는 고난은 그리 길지 않은 한시적인 시간일 뿐이다. 하지만 하나님의 영광은 그렇지 않다. 다시는 죽음이 없는 곳, 하나님의 나라는 영원하기에 영광 또한 영원하다. 그러니 현재의 고난을 어떻게 영원한 영광에 비교할 수 있겠는가. 풀은 마르고 꽃이 시드는 것처럼 우리의 인생도 결국은 풀과 같이 마르게 될 것이고, 꽃처럼 시들게 될 것이다. 그러나 하나님의 영광은 영원하다.

하나님께로부터 창조된 피조물(인류를 제외한 모든 피조물)은 하나님의 아들들이 나타나기를 고대하고 있다. 여기서 하나님의 아들들은 그리스도의 본을 따라 하나님을 아바아버지로 부를 수 있게 된 그리스도인을 말한다. 모든 피조물이 하나님의 아들들을 고대한다는 것은 무엇을 말하는가. 그것은 구원받은 그리스도인들의 영광스런 나타남을 바라는 것으로, 이는 모든 피조물의 회복을 의미한다. 인류만 타락으로 떨어진 것이 아니요, 피조물이 죄로 인해 본연의 목적에서 벗어나 허무한 데 굴복하고 있다. 물론 그들의 의지에 따른 것이 아니요, 굴복할 수밖에 없도록 하는 세력이 그 중심에 있기 때문이다. 허무한 데 굴복하는 것은 곧 썩어질 것들에 종 노릇 하는 것으로, 아담의 타락으로 인하여 저주의 세력에 넘겨진 것이다. 구원받은 하나님의 자녀들이 그리스도의 영광에 이르게 되면, 그 때 비로소 모든 피조물도 드디어 해방이 되는 것이다. 그리스도인에게 고난이 필수불가결인 것처럼 모든 피조물 또한 탄식하며 함께 고통을 겪고 있다. 완전한 구원이 이루어지기전까지 자연도 인류도 함께 고통 가운데 놓여 있다.

자연 피조물에 이어 그리스도인의 탄식이 이어진다. 그리스도인은 믿음으로 말미암아 영적 구원을 받았으며, 하나님의 영이 함께 하는 시간을 살아간다. 분명 성령님의 간섭가운데 있는 그리스도인이다. 그러나 탄식할 수밖에 없는 현실로부터 예외가 되지 않는다. 죄의 몸이요, 사망의 몸인 육신이 아직 완성되지 않았기에 속으로 탄식하고 있으며, 오직 썩지 않을 영적인 몸을 기다리고 있다. 지금은 고난의 연속이지만 그리스도와 영 안에는 소망이 있다. 우리는 그 안에서 소망을 얻었고, 그 소망 안에서 구원을 이루어 간다. 우리의 눈에 보이지 않는 소망, 그 소망을 향하여 가는 과정이 유혹과 시련이지만 영원한 생명이 있기에 인내하며 기다린다. 우리의 소망과 인내는 분명 영광으로 인도한다.

:: 묵상 나눔

모든 피조물도 인류처럼 함께 탄식하며 고통을 겪고 있습니다. 그러니 기다리는 것은 파멸과 썩어짐으로부터 해방되는 것입니다. 그리스도의 보혈은 이미 모든 파멸과 썩어질 것들을 부활의 능력아래 굴복하게 하셨습니다. 하나님의 영은 그리스도를 믿는 우리로 한계를 뛰어넘는 능력이 우리의 능력이 되게 하셨습니다.

그런데 사망이 그리스도의 부활 아래 무릎을 꿇고, 하나님의 영이 지배하는 세상이 되었다고 해서 과연 우리의 삶이 완전한 평안일까요. 그렇지 않은 듯합니다. 세상이 우리를 울게 하고, 현실이 우리를 곤고하게 하고, 함께하는 이들이 우리를 절망하게 합니다. 우리의 약함은 곧 우리의 생각을 무기력하게 하여 모든 긍정을 부정으로 변하게 합니다. 그러니 모든 자연이 탄식하며 고통을 겪는 것처럼 양자의 영을 받은 우리의 마음도 탄식과 고통입니다. 그런데 탄식이 있으니 하나님의 아들들이 나타날 것을 더 고대합니다. 고통이 있으니 하나님의 자녀들의 영광을 더 바라게 됩니다.

우리에게 영원한 것은 보이는 이 세상이 아니요, 아직은 보이지 않지만 언젠가는 나타나게 될 하나님의 나라입니다. 세상은 보이는 것만이 존재한다고 말합니다. 그러나 우리 그리스도인은 보이는 이 세상은 아침안개처럼 아주 잠깐이라는 것을 알고 있습니다. 그리고 하나님의 나라는 영원하다는 것을 확신합니다. 그러니 우리를 탄식과 고통의 중심에 있게 하는 오늘이 결코 우리의 마음을 지배할 수 없겠지요. 예수님도 하나님의 영광을 위하여 탄식과 고통의 시간을 견디셨으니, 우리 그리스도인도 탄식과 고통 위에서 살아가는 것이겠지요. 비록 힘겨운 오늘이지만 그리스도의 영광이 우리의 삶에 함께 발을 맞추어 주시는 오늘입니다. 그리스도의 능력이 최선을 다하는 오늘이 되도록 도와주십니다.

:: 기도 나눔

하나님 아버지, 죄악 된 세상이 되어버리니 모든 피조물이 탄식하며 고통스러워합니다. 성령의 처음 익은 열매를 받은 우리 인생도 속으로 탄식하며 고통가운에 살아갑니다. 그러나 그리스도의 탄식과 고통이 곧 영광이 되었던 것처럼, 그 영광의 소망 안에서 오늘을 이겨내도록 도와주옵소서.

35. 8:26-27

하나님의 뜻대로 간구하시는 성령님

:: 말씀 나눔

하나님의 모든 피조물은 생명의 근원이신 하나님과의 단절로 탄식과 고통의 나날이다. 하나님의 영역은 평안이요, 기쁨이지만 아직은 완성되지 않은 피조물이기에 여전히 탄식과 고통이 함께 하는 일상이다. 보지 못하는 것을 바라며 오직 참음으로 기다려야 하는 피조물이다. 하나님의 신비로운 영역을 알고 있지만, 피조물은 세상 중심에 내가 있기를 바라는 기도를 드릴 수밖에 없는 연약한 존재이다. 하나님의 영광을 간절히 바라면서도 나의 마음 한편에는 나를 위한 기도가 살아서 꿈틀거린다. 하나님의 영광을 위한 것이라 생각하고 드리는 기도이지만 하나님의 뜻이 되지 못하는 기도다.

"그 때에 내가 여호와께 간구하기를 주 여호와여 주께서 주의 크심과 주의 권능을 주의 종에게 나타내시기를 시작하셨사오니 천지간에 어떤 신이 능히 주께서 행하신 일 곧 주의 큰 능력으로 행하신 일 같이 행할 수 있으리이까 구하옵나니 나를 건너가게 하사 요단 저쪽에 있는 아름다운 땅, 아름다운 산과 레바논을 보게 하옵소서 하되 여호와께서 너희 때문에 내게 진노하사 내 말을 듣지 아니하시고 내게 이르시기를 그만해도 족하니 이 일로 다시 내게 말하지 말라"(신3:23~26). 하나님께서 계획하신 이스라엘 백성의 출애굽, 그 광대하신 뜻에 모세를 사용하신다. 출애굽 후 광야에서의 40년은 하나님의 시간이요, 꿈틀거리는 역사의 공간이었다. 그럼에도 하나님께서 모세의 간절한 기도를 외면하신다. 하나님의 거절로 모세의 기도는 마땅히 기도할 바를 알지 못하는 기도가 되어버렸고, 그의 마지막이 더없이 쓸쓸하게 느껴지는 듯하다. 그러나 하나님은 모세가 받을 영광을 생각하시며 기뻐하신다.

우리는 하나님의 마음을 다 알지 못하고, 알 수도 없다. 그런 우리이기에 하나님은 성령을 통하여 분별할 수 있는 은혜를 주신다. 그런데 하나님의 뜻을 알면서도 그 뜻을 위하여 기도하지 못하는 우리다. 인간 예수님은 십자가를 감당하시기 전 감란산에 오르셔서 기도하신다. 얼마나 간절한 마음이셨는지 땀이 나도록 드리는 기도며, 그 땀은 핏방울 같았다고 한다. 하나님의 뜻을 아시는 예수님이고, 예수님 또한 그 뜻을 이루시기 위하여 오셨으나 "만일 아버지의 뜻이거든 이 잔을 내게서 옮기시옵소서"하며 하나님께 아뢴다. 하나님의 뜻을 위하여 이 땅에 오셨고, 죽음 이후에 주어지는 부활의 영광을 아시지만 십자가의 고통 또한 너무나 잘 아시기에 드리는 기도다. 그러나 예수님은 결국 하나님의 뜻을 이루신다. 우리의 마음에 꿈틀거리는 욕망이 있다. 이 욕망은 하나님의 뜻을 떠나는 기도가 되고, 성령의 말할 수 없는 탄식이 되지만, 우리의 마음을 살피시는 하나님이다. 하나님의 뜻이 이루어 지기를 위해 말할 수 없는 탄식으로 기도하시는 성령님이다. 하나님의 영광과 우리의 영광을 위하여...

:: 묵상 나눔

우리의 오늘은 구원의 확신이 있고, 내일의 우리는 영광 가운데 있게 됩니다. 부족한 우리의 오늘이고, 연약한 우리의 내일이지만 하나님의 시간이기에 보장된 은혜입니다. 그런데 우리의 오늘은 고난과 어려움으로 가득한 현실세계를 걸어갑니다. 우리의 내일도 분명 고난과 어려움은 계속 될 것입니다. 아직 완성되지 않은 우리인데 하나님의 영광을 기다려야하고, 싸워야하니 우리의 힘으로는 승리할 수 없습니다. 그러나 장담하는 것은 우리의 오늘이 비록 고난으로 채워진 길이지만, 구원의 은혜와 영광은 결코 실패하지 않는 것입니다. 구원의 길,

고난의 길을 내가 책임지는 것이 아니요, 성령께서 동행하시고 승리할 수 있도록 도우시기 때문입니다.

우리는 생각으로도 실패하고 행동으로도 실패합니다. 어제와 똑같은 죄의 그늘아래 서 있고, 나를 뒤로하는 것이 여전히 버거운 오늘입니다. 그렇다고 해서 우리의 구원이 영원한 사망 아래로 다시 내려가지 않습니다. 구원의 확신은 우리의 능력에서 오는 것이 아니요, 하나님의 신실하신 약속에 근거하기에 성령께서 우리를 더욱 선함으로 인도해 주실 것입니다. 하나님의 뜻에 실패하는 우리의 현실이지만 성령님은 그런 우리의 생각과 마음을 붙잡아 주십니다. 성령님의 도우심은 마땅히 기도할 바를 알지 못하나 오직 성령이 말할 수 없는 탄식으로 우리를 위하여 친히 간구해 주십니다. 인생이 어찌 마땅히 기도할 바를 알아 기도할 수 있겠습니까. 오늘을 알 수 없고, 내일을 알 수 없는 우리인데 무엇을 위해 기도할 수 있겠습니까. 그러니 말할 수 없는 탄식으로 우리의 오늘과 내일을 위해 간구하시는 성령님을 기뻐하는 오늘입니다.

:: 기도 나눔

하나님 아버지, 마땅히 기도할 바를 알지 못하는 모습으로 살아가는 것은 분명 내 안에 내가 너무 가득하기 때문이겠지요. 하나님은 이 만하면 되었다 말씀하시나 우리는 다른 모습과 방법을 위해 간구합니다. 다만 바라오니, 하나님의 뜻대로 간구하시는 성령님의 기도와 인도 안에 머물게 하옵소서.

36. 8:28-30

구원의 서정이 아름다운 이유

:: 말씀 나눔

하나님의 은혜 안에서 거룩한 존재로 구별된 우리다. 지키시고 인도하시는 은혜 안에서 우리의 모든 시간이 그 사랑 안에 머물도록 하신다. 그런데 하나님의 개입이 있음에도 우리에게는 실패와 탄식, 눈물과 절망이 그림자처럼 우리를 따라 다닌다. 왜일까..., 베드로의 시간을 들여다 본다.

밤이 새도록 그물을 던졌으나 한 마리도 잡지 못한 그의 시간에 예수님께서 개입하신다. 예수님의 시간에 늘 함께 하는 베드로인데, 수난을 말씀하실 때 모두가 주를 버릴지라도 나는 결코 버리지 않겠노라 장담한다. 그러나 예수님은 오늘 밤 닭 울기 전에 나를 세 번 부인할 것이라 답을 하신다. 죄인의 신분으로 대제사장의 집으로 끌려가시는 예수님, 그 상황을 보고자 가야바의 집 바깥 뜰에 앉아 있는 베드로다. 그 때 한 여종이 베드로를 알아보고 예수와 함께 있던 자라 말을 하니 '아니라' 부인 한다. 첫 번째 부인이다. 자리를 피해 앞문까지 나아가는데 또 다른 여종이 베드로를 알아보고 예수와 함께 있던 자라 말한다. 두 번째 부인이다. 조금 후에 누군가 예수의 도당이라 말을 하자 이번에는 예수님을 저주한다. 세 번째 부인이다. 그 때 닭이 운다. 예수님의 말씀이 생각나는 베드로의 시간은 탄식과 고통, 눈물과 절망이 뒤섞인다. 그런데 그의 실패와 절망, 통곡으로 점철 된 그 모든 시간이 합력하여 주님이 주신 사도의 직을 감당하도록 한다.

인생의 크고 작은 일들을 허락하시고, 그 모든 일들이 합력하여 오늘보다 나은 내일을 기대하게 하시는 하나님은 우리를 미리 알고 계신 분이다. 미리 아셨다는 것은 우리의 내일이 그렇게 될 수밖에 없도록 결과를 만들어 내시는 하나님의 주권을 인정하는 것이다. 예수님의 죽음이 그렇게 될 수밖에 없도록 역사하신 것처럼, 우리의 상황과 조건, 이유를 간섭하셔서 결국에는 그렇게 될 수밖에 없도록 하신다. 그리스도의 형상을 본받을 수 없는 우리지만 그렇게 될 수밖에 없도록 도우시는 하나님이시기에 오늘의 실망에 좌절하지 않는다. 능력의 하나님께서 우리의 삶을 도우시어 맏아들이 되시는 예수님의 길을 걸어가게 하실 것이다. 나의 힘이 아닌 오직 하나님의 능력으로 그렇게 하실 것이다.

하나님께서 미리 아신 자, 미리 정하신 자, 부르시고, 의롭다 하시고, 영화롭게 하신 아름다운 구원의 서정이다. 구원의 서정이 아름다울 수 있는 것은 우리의 그 무엇이 구속에 영향을 미치지 않기 때문이다. 오직 하나님의 사랑과 열심만이 모든 시간을 주관하시기 때문에 가능한 결과다. 결국에는 이루시고야 마는 하나님의 어찌할 수 없는 사랑, 인류를 긍휼이 여기시는 자비하심이 우리의 영혼을 깨어나게 하셨다. 하나님께서 인류를 왜 그렇게 사랑하시는지 천사들마저도 바라보고 있다고 하니, 우리를 부르셔서 의롭다 하시고, 영화롭게 하신 그 사랑이 우리로 성도다운 삶을 더욱 바라게 한다.

:: 묵상 나눔

하나님께서 미리 아시고, 미리 정하신 우리입니다. 우리를 영화롭게 하시기 위하여 부르시고, 의롭다 하셨습니다. 하나님께서 주관하시기에 구원의 서정은 더 할 나위 없이 아름답기만 합니다. 우리를 영화롭게 하시는 하나님은 우리의 고난을 고난으로만 끝나지 않게 하시며, 슬픔을 슬픔에만 머무르지 않게 하십니다. 우리들이 흘리는 눈물은 생명이 가득한 빛이 되게 하실 것이고, 깊은 한숨은 오히려 찬양이 되게 하십니다. 하나님께서 그렇게 되도록 일하시기 때문입니다.

아브라함은 사랑하는 독자 이삭을 하나님께 드릴 수 있는 믿음이 어떻게 생겼을까요. 그는 바로가 아내 사라를 요구하자 “그대는 나의 누이라 하라” 단단히 이르며 보냅니다. 그 믿음으로는 이룰 수 없는 순종입니다. 하나님의 약속을 끝까지 기다리지 못하고 사래의 여종 하갈과 동침하던 그때의 믿음으로는 감당할 수 없는 순종입니다. 하나님 앞에서 수없이 실패하는 믿음인데, 그를 향한 하나님의 신실하심은 변하지 않습니다. 그러니 하나님의 시간과 아브라함의 시간은 좁힐 수 없는 온도 차이가 있게 됩니다.

그러나 아브라함의 결국은 신실하신 하나님께 무릎을 꿇게 됩니다. 하나님의 사랑과 의지는 포기하지도, 버리지도 않으시고, 그렇게 되도록 일하시기에 아브라함은 독자 이삭을 드릴 수 있는 믿음에까지 이르게 됩니다. 하나님은 우리의 삶을 간섭하셔서 그렇게 되도록 일하십니다. 우리가 지금은 험한 길을 걸어가도 낙망하지 않는 것은, 그 길이 분명 우리에게 필요한 길이기 때문에 걷게 하시는 것을 믿는 믿음입니다. 어제보다 나은 오늘이 되기를 바라시며 그렇게 되도록 하나님은 끊임없이 일하실 것이고, 우리는 결국 승리할 것입니다.

:: 기도 나눔

하나님 아버지, 우리의 나태와 실패, 절망과 좌절을 사용하시어 선을 이루게 하시니 감사합니다. 수없이 무너지는 삶이온데, 포기하지 않으시고 버리지도 않으시고, 오히려 그렇게 되도록 일하시니 감사합니다. 또 실패해서 참으로 부끄러운 오늘이지만 손을 내밀어 꼭 붙잡아 주시옵소서.

37. 8:31-34

누가 우리를 대적하리요

:: 말씀 나눔

미리 정하시고 또한 부르시는 하나님으로…, 의롭게 하신 예수님으로…, 영화롭게 하시는 성령님으로…, 우리를 향한 하나님의 사랑은 깨달을 수 없는 마음을 두드리시고, 눈으로 확인한 것처럼 확신하게 하시고, 입술로 고백하게 하신다. 그 은혜의 임재 앞에 우리가 설 수 있도록 하신다. 하나님께서 이미 이루어 주셨으나…, 그럼에도 불구하고 우리가 연약하기에 도우시는 성령까지 우리의 편이 되게 하셨다. 우리를 위하시는 하나님의 사랑 앞에서 과연 무슨 말을 할 수 있겠는가. 누가 우리를 대적하여 하나님의 사랑에서 끊을 수 있겠는가. 무엇도 그 위대하신 사랑 앞에 대적할 수 없다. 누구도 우리를 향한 하나님의 사랑에 원수가 되도록 할 수 없다. 우리는 우리를 포기할 수 있지만 하나님은 우리를 포기하지 않으신다. 내가 나를 지키는 것이라면 대적 앞에 무너질 수밖에 없다. 그러나 우리를 위하시는 하나님의 신실하신 사랑만이 우리를 보호하신다. 그 사랑이 우리의 오늘을 가능하게 하신다.

그리스도인에게 있어 믿음과 소망, 그리고 사랑은 불가분의 관계에 놓여있다. 하나님께서 이미 하신 일을 믿으며, 앞으로도 변함없이 하실 일을 믿는 믿음이 오늘을 살아내게 한다. 믿음의 사람이지만 여전히 세상 속에 존재하는 우리는 소망이 없이는 결코 현실에서 만나는 일들을 감당할 수 없다. 뿐만 아니라 오늘의 시간과 공간 안에 스며있는 믿음과 소망이지만, 사랑이 없이는 믿음도 소망도 선한 영향을 주지 못한다. 하나님의 사랑 안에 믿음이 있고, 소망이 있어 우리의 삶을 지탱하게 한다. 그러면 우리 삶의 근거가 되는 사랑의 시작은 어디인가. 아들을 아끼지 아니하시고 기꺼이 세상에 내어주신 하나님의 사랑이 그 시작이다. 하나님은 스스로 창조주로서의 권리를 버리시고, 아버지로서의 마땅한 의무를 택하셨다. 그리고 그렇게 버리신 하나님의 권리는 그대로 인생이 누리는 권리가 되게 하셨다.

하나님께서 택하신 자들을 위해 사랑하는 아들도 아끼지 아니하시는 사랑으로 우리의 오늘이 시작된다. 그리고 "나를 의롭다 하시는 이가 가까이 계시니 나와 다툴 자가 누구냐 나와 함께 설지어다 나의 대적이 누구냐 내게 가까이 나아올지어다"(사50:8)라는 이사야 선지자의 외침이 우리의 시간과 함께 한다. 세상이 우리를 고발할 수 없고, 사단도 우리를 정죄할 수 없다. 우리를 위한 예수님의 죽으심이 세상의 고발을 오히려 우습게 하셨고, 그리스도의 부활이 사단의 정죄를 무색하도록 했다. 신실하신 하나님 앞에서 늘 죄송스러운 우리이지만 하나님은 이런 우리를 위하여 일해 주셨다. 세상에 오실 때 조용히 임하셨던 주님, 세상에서의 마지막도 그렇게 침묵으로 모든 것을 품으셨던 주님이다. 주님은 죽으시고 부활하신 것으로 끝나지 않으시고, 하나님 우편에서 우리를 위해 간구해 주신다.

:: 묵상 나눔

겨울의 끝자락이 하나님의 섭리 안에 있는 것처럼, 말로 형용할 수 없는 사랑의 시작도 하나님입니다. 봄의 시작이 하나님의 섭리 안에 있는 것처럼, 온전한 희생이 되어주신 예수 그리스도의 시작도 하나님입니다. 모든 죄악을 품어내는 사랑의 시작이 하나님이 아니셨다면 우리를 대적하는 세상 앞에서 어떻게 매일매일이 평안할 수 있겠습니까. 세상은 우리를 법 아래 가두어 두고 고발하며 정죄하는데 어찌 희망을 노래할 수 있겠습니까. 그러나 신실하심의 시작도, 사랑의 시작도, 은혜의 시작도, 자비의 시작도, 긍휼의 시작도, 용서의 시작도 하나님이

시기에 오늘이 감사이고, 최선이 될 수 있습니다.

하나님의 우리를 향한 사랑은 사랑하는 아들 예수 그리스도에게 그대로 전해집니다. 그리고 그 사랑은 우리를 위하여 간구하시는 예수 그리스도의 기도에서 증거가 됩니다. 예수님의 십자가는 우리가 아직 죄인 되었을 때 완성하신 사건입니다. 우리 죄악의 무게가 고스란히 더하여진 예수님의 십자가입니다. 그럼에도 불구하고 예수 그리스도는 그런 우리를 위하여 하나님의 은혜를 간구하십니다. 우리의 마음과 생각이 하나님을 떠날 때에도, 놀라운 은혜를 잊은 채 교만한 마음으로 십자가를 바라볼 때에도 그리스도의 기도는 전혀 흔들리지 않습니다.

그리스도의 기도로 우리가 오늘 호흡 하고, 그리스도의 눈물로 우리의 오늘이 위로를 얻게 됩니다. 우리의 죄를 고발하는 세상 속에서 다시 일어설 수 있는 것도 그리스도의 간구가 있기에 가능한 것이겠지요. 죄악이 우리를 정죄하는 가운데서도 하나님의 자녀일 수 있는 것도 그리스도의 간구가 있기 때문이겠지요. 세상이 너무나 좋고, 죄악이 오히려 익숙한 우리가 하늘의 별과 같은 존재가 될 수 있는 것도 그리스도의 간구가 있기 때문이겠지요.

:: 기도 나눔

하나님 아버지, 우리를 대적하는 세력 앞에서 든든한 보호자가 되어주셔서 감사합니다. 죄악이 우리를 고발하고 정죄할 때에도 예수 그리스도의 간구로 모든 어둠의 시간과 공간을 넘어서게 하시니 감사합니다. 우리를 위하시는 하나님의 사랑과 예수 그리스도의 간구를 잊지 않게 하옵소서.

38. 8:35-39

하나님의 사랑에서 끊을 수 없는 우리

:: 말씀 나눔

그리스도의 우리를 향한 사랑....., 우리의 그리스도를 향한 사랑....., 서로 다른 두 길이다. 그리스도의 길에는 환난과 곤고, 박해와 기근, 적신, 위험과 칼이 있었다. 도살 당하는 양이 느껴야하는 그 두려움의 시간이 예수님의 길이 되셨다. 누구도 이겨낼 수 없는 길이었으나 우리를 향한 그리스도의 사랑은 그 모든 길을 이겨내셔야 했고, 결국 이겨내셨다. 예수님의 죽음과 연합한 우리의 길에도 피하고 싶은 환난이 있고, 두려운 곤고와 박해가 있다. 매일의 삶이 기근일 수 있으며, 적신과 위험과 칼이 지치지 않고 우리를 향하여 달려온다. 그리스도의 부활의 영광이 우리 영혼을 숨 쉬게 하지만, 오늘을 이겨내야 하는 우리는 도살 당할 양과 같이 처절한 몸부림이 되어 나를 잃어버린다. 그러나 그리스도께서 이겨내신 그 능력과 사랑이 우리의 마음을 지배하니 그리스도의 승리가 우리의 승리가 된다.

물론 현재의 고난이 있고, 세상으로부터의 단절과 위협은 우리로 마음을 평안하지 못하도록 한다. 오늘을 이겨낸 듯 하여 기쁨에 취해있을 때 그만 다시 넘어지고 무너지는 우리다. 그러나 우리를 향한 그리스도의 사랑이 우리의 손을 놓지 않으신다. 이미 승리하신 주님의 눈물이 우리의 마음을 붙잡으신다. 우리가 만나는 모든 일에 우리를 향한 사랑으로 함께 하시며, 우리를 포기하지 않으실 것이다. 우리 스스로의 힘으로 승리하는 것이 아니요, 우리를 위한 그리스도의 기도로 승리하는 것이요, 모든 일에 주인이 되시는 생명의 주, 그 놀라우신 능력의 도움으로 우리는 넉넉히 이겨낼 수 있는 것이다.

하나님으로부터 시작 된 우리의 확신이다. 세상 속에서의 나이고, 현실속의 우리이지만 사망이나 생명의 대적 앞에서 결코 무릎 꿇지 않을 것이다. 완전한 것 같고, 영원할 것 같은 세상의 권세도 어찌할 수 없는 그리스도의 영이 오늘 우리와 함께 하신다. 그러니 우리의 마음을 요동하지 못하도록 도우실 것이다. 현재의 시간 안에 갇혀 있는 우리이지만 오늘의 일이나 미래의 일, 세상의 그 어떤 능력이라도 하나님을 향한 우리의 신뢰를 무너뜨리지 못할 것이다. 지식으로서의 높음이나 깊음, 실존하고 있는 그 어떤 세력들이라도 우리의 마음을 흔들 수 없을 것이다.

우리는 태초부터 계시고, 이제도 계시고, 마지막에도 계시는 창조주 하나님의 보호아래 살아가는 존재다. 세상 속에서의 우리이지만 다른 어떤 피조물도 우리를 우리 주 그리스도 예수 안에 있는 하나님의 사랑에서 끊을 수 없다. 그러니 우리가 드리는 오늘의 기도는 이것이다.

"너희 마음을 굳건하게 하시고 우리 주 예수께서 그의 모든 성도와 함께 강림하실 때에 하나님 우리 아버지 앞에서 거룩함에 흠이 없게 하시기를 원하노라"(살전3:13)

:: 묵상 나눔

오늘 하루가 참 힘겨웠다 생각합니다. 모든 어려움과 고통이 우리를 향하여 달려오는 듯 느껴집니다. 그렇게 막막하고 힘겨운 시간, 우리의 마음이 '하나님...' 하며 그 이름을 부릅니다. 어느 누구도 알 수 없는 아픈 마음이, 아무도 들을 수 없는 우리 내면의 통곡이 '하나님....' 하며 부르짖습니다. 하나님 앞에 무릎을 꿇으니 그저 조용히 흐르는 눈물이고, 그 눈물이 하나님의 위로인 듯 느껴지니 마음에 감사합니다... 고백합니다.

우리는 살아온 시간만큼이나 수많은 문제를 만났습니다. 문제 속에서 늘 허우적댔지만 그렇다고 해서 결코 문제 속에만 있지 않았나 봅니다. 너무나 서러운 그때 하나님을 찾는 것을 보면, 누구에게도 말하지 못하고 홀로 주저앉은 그때 우리의 마음이 찾고 있는 분, 그분이 하나님인 것을 보면 말입니다. 우리가 의식하지 못하는 사이에 하나님은 그렇게 우리의 마음 속 깊은 곳에 자리하셨나 봅니다. 어떻게 그럴 수 있을까요. 세상의 누구도, 다른 어떤 피조물이라도 예수 그리스도 안에 있는 하나님의 사랑에서 끊을 수 없는 우리이고, 그 사랑이 우리를 품어 주시기 때문이겠지요. 그 사랑이 우리의 미련한 것을 용납하여 주시고, 그 사랑이 우리의 실패를 회복하도록 도우시고, 그 사랑이 우리의 오늘을 동행하시니 말입니다.

하나님은 우리의 영에 사랑의 씨앗을 심으셨나봅니다. 처음에는 작은 씨앗이었으나 씨앗은 이내 싹을 틔우고 자랍니다. 그리고 꽃을 피우고 열매를 맺혀 익어갑니다. 그리스도의 사랑에서 우리를 끊을 수 없다는 것은 생명이 존재하지 않는 듯한 씨앗일 때도 그리스도께서 함께 하셨다는 것을 의미합니다. 하나님의 사랑에서 끊을 수 없다는 것은 싹이 나서 자라 꽃이 피고 열매를 맺기까지 수고하고 기다려야 하는 것처럼 우리의 모든 시간을 용납하시고 기다려 주셨다는 것을 의미합니다.

:: 기도 나눔

하나님 아버지, 우리를 향한 그리스도의 끊을 수 없는 사랑을 어떻게 표현할 수 있겠습니까. 우리를 우리 주 그리스도 예수 안에 있는 하나님의 사랑에서 끊을 수 없는 사랑을 어떻게 다 감사할 수 있겠습니까. 말로 다 표현할 수 없는 은혜요, 값없이 베풀어 주신 긍휼을 떠나지 않게 하옵소서.

39. 9:1-5

그리스도에게서 끊어질지라도

:: 말씀 나눔

예수 그리스도에 관한 복음, 하나님은 그 복음에 대하여 이스라엘 백성에게 가장 먼저 알리셨다. 하나님의 선택은 이스라엘 백성이었고, 선택을 받은 그들에게 구원의 길을 알 수 있는 복이 허락된다. 그런데 하나님의 선택된 이스라엘 백성은 복음을 거부한다. "내가 너희만 알았다"는 하나님의 특별한 관심과 소유가 되었으며, 양자됨의 지위도 받았으나 정작 은혜의 주인공은 실패하는 역사를 살아가고 있다. 그러나 이스라엘의 실패가 전 인류의 실패가 될 수 없다. 하나님은 이방인을 부르셨고, 이방인의 구원은 곧 이스라엘의 구원이 되게 할 것이다. 구원을 이루어 가시는 하나님의 방법은 이 일을 위하여 바울을 선택하셨고, 동족을 향하여 큰 근심과 마음에 그치지 않는 고통이 있게 하셨다. 바울은 이스라엘을 향한 그의 간절하고도 안타까운 마음을 성령께서 함께 증언하신다고 말하며,고백하신다고 말한다.

작은 동네 나사렛의 예수를 메시아로 인정할 수 없었던 이스라엘 백성이다. 그래서 예수님을 십자가에 넘겼다. 바울이 전하는 복음 역시 믿을 수 없는 이스라엘 백성이다. 이에 바울 또한 이스라엘 백성들에 의해 옥에 갇히기도 하고 매도 수없이 맞았으며 여러 번 죽을 뻔하였다. 동족의 위험과 거짓 형제 중의 위험을 당하기도 하였다. 예수님을 십자가에 넘긴 이스라엘 백성이고, 바울에게도 어려운 시간 안에 갇히게 하였다. 이런 동족임에도 불구하고 복음을 받아들이지 않는 그들 때문에 큰 근심과 고통이 있다. 그의 형제 곧 골육의 친척이 구원을 얻는 길이라면 자신이 저주를 받아 그리스도에게서 끊어질지라도 그 방법을 선택하겠다 말한다. 그리스도에게서 끊어진다는 것은 영원한 사망을 말한다. 그렇게 간절히 소원하는 하나님의 나라이지만 동족의 구원 또한 외면할 수 없는 바울의 간절함이다.

이스라엘은 하나님의 장자(출4:22)로 양자가 되어 모든 민족의 시작이 된다. 하나님의 양자로서 출발하는 그들은 영광(출16:10 ; 40:34)과 언약들(창12:2,출19:5-6)과 율법(출20:1-17)을 세우신 것과 예배(제의적 특권)와 약속들(아브라함으로부터 시작 된 수많은 약속)을 얻게 된다. 그들의 우월성을 충분히 보여주는 조상 아브라함도 그들의 것이다. 뿐만이 아니라 온 인류의 삶의 목표가 되시는 그리스도도 육신으로는 그들의 조상에게서 나셨다. 이스라엘 백성은 다른 민족보다 탁월하지 않았다. 그러나 하나님께서 선택하셨기 때문에 다른 민족과는 비교할 수 없는 우월함을 갖게 된다. 그들이 하나님을 떠났을 때에도 하나님의 마음과 눈은 그들을 향하셨다. 그들은 하나님을 포기할 수 있어도 하나님의 사랑은 그들을 포기하지 않으셨다. 이스라엘을 포기하지 않으신 하나님, 우리를 포기하지 않으시는 하나님이시다. 그 하나님은 만물 위에 계셔서 영원히 찬양받으시기에 합당하다.

:: 묵상 나눔

만물위에 계셔서 영원히, 세세에 찬양 받으실 우리의 하나님이십니다. 우리의 하나님은 완전하시기 때문입니다. 거룩하심에서, 진실하심에서, 공의로우심에서, 사랑에서, 노하기를 더디하심에서, 의로우심에서, 선하심에서, 자비로움에서, 신실하심에서, 인애하심에서..., 그러하십니다. 그리고 그 증거는 바로 그리스도의 십자가입니다. 하나님의 완전하심을 보여주신 십자가에는 능력이 있습니다. 거룩하게 하는 능력, 진실하게 하는 능력, 의롭게 하는 능력, 사랑하게 하는 능력, 선하게 하는 능력, 자비롭게 하는 능력, 신실하게 하는 능력, 인애하게 하는 능력…, 입니다.

십자가는 죄를 씻는 능력, 죄를 이기게 하는 능력, 죄로부터 자유롭게 하는 능력입니다. 십자가의 능력은 과거의 실패와 절망으로부터 벗어나 희망이 되게 합니다. 영적인 실패와 좌절, 절망과 공포로부터 일어나 영이 춤추게 하십니다. 십자가는 그 능력을 힘입어 모든 연약함으로부터 벗어나 강하고 담대하게 합니다. 십자가의 능력은 우리의 가슴에 아픔이 되게 하는 미움과 폭력과 불신을 물리치게 합니다. 삶의 아름다움을 빼앗아 가는 분노와 질투, 교만과 이기심, 허영심을 이기게 합니다. 현실 속에서 편안하고 익숙한 것에 안주하려고 하는 생각들로부터 헤어나게 하십니다. 우리의 예수님께서 그러하셨기 때문에…

완전하신 하나님은 십자가를 통과하여 온 인류에게 영원한 생명, 부활의 능력이 있게 하셨습니다. 따사로운 햇살아래 핀 아름다운 꽃처럼 우리의 시간과 공간이 부활의 능력 안에 있게 하셨습니다. 그리고 영원한 생명이 우리의 것이 되도록 하셨습니다. 이 진리가 바울로 하여금 하나님을 찬양하게 하는 이유이고, 동족을 위해서라면 그 자신은 저주를 받아 그리스도에게서 끊어질지라도 원하는 바가 되는 이유입니다.

:: 기도 나눔

하나님 아버지, 완전하신 그 은혜로 십자가의 능력이 우리의 능력이 되게 하옵소서. 우리 각자에게 주어진 십자가의 능력에 힘입어 인생의 목표가 활짝 피어나게 하옵소서. 우리의 인생이 날마다 새롭게 부활하는 꽃이 되게 하옵소서. 짧은 인생 영원한 생명을 위해 최선을 다하게 하옵소서.

40. 9:6-13

오직 부르시는 이로 말미암아

:: 말씀 나눔

이스라엘의 특권과 그리스도의 십자가…, 하나인 듯하나, 하나가 되지 못하는 관계다. 그렇다면 하나님의 언약과 계시의 연속성은 없는 것일까. 분명 하나님의 은혜 안에서 주어진 특권(선민)이고, 구원의 길 십자가인데, 왜 이스라엘 백성들은 깨닫지 못하는 것일까. 신실하신 하나님의 약속에 문제가 있는 것인지 아니면 하나님의 방법에 문제가 있는 것인지. 이스라엘 백성과 하나님의 서로 다른 두 길은 인간의 미련함보다 하나님의 방법에 문제가 있고, 잘못 된 듯 느껴진다. 인간은 분명 어리석기에 그 부족함이 합리화 될 수 있다. 하지만 하나님은 전능하신분이니 이스라엘의 실패를 무엇으로도 변명할 수 없다. 오직 하나님의 방법이 실패한 듯 해석 될 뿐이다. 바울은 이해할 수 없는 상황들을 "또한 아브라함의 씨가 다 그의 자녀가 아니라 오직 이삭으로부터 난 자라야 네 씨라 불리리라"는 말씀을 인용(창21:12)하여 하나님의 방법은 은혜에서 시작 되었고, 결코 실패할 수 없다는 것을 변증한다.

아브라함에게 이스마엘과 이삭, 두 아들이 있다. 이스마엘은 인간의 방법으로 태어난 아들이요, 이삭은 하나님의 방법으로 태어난 아들이다. 이스마엘과 이삭, 두 명 모두 아브라함의 아들이지만 하나님에게는 이삭이 약속하신 씨요, 거룩한 백성이다. "오직 이삭으로부터 난 자라야 네 씨라 불리리라" 하나님께서 이미 약속하신 말씀의 성취이며, 그분의 자유로우신 선택에서 오는 은혜이다.

이삭의 아내 리브가의 태속에서 두 생명이 함께 자라고 있는데, 두 생명이 서로 싸우고 있다. 이 일로 리브가가 하나님께 묻자 네 태중에 두 국민이 있는데, 복중에서부터 두 민족으로 나누어 질것이며, 큰 자가 어린 자를 섬기게 될 것이라 말씀하신다. 그렇게 태어난 두 아들 에서와 야곱이다. 아버지 이삭의 마음에는 에서가 있었기에 그를 마음껏 축복하고자 한다. 그러나 하나님은 야곱을 사랑하시고 오히려 에서는 미워하신다. 하나님께서 야곱을 구별하여 선택하시겠다 내린 결정은 두 아들이 태어나기 이전부터 이미 정하여진 것이다. 에서와 야곱이 자라는 과정을 보시기 이전부터 야곱을 선택하신 것이다. 야곱이 선택 된 것은 하나님의 절대주권이 허락하신 무조건적인 은혜이다.

하나님의 약속에 따라 선택이 된 이삭과 그의 아들 야곱이다. 이삭은 태어나기 이전부터 약속하신 '씨'로 자리매김을 하였고, 야곱 또한 아직 나지도 아니한 때에 하나님의 택하심을 따라 거룩한 자로 세워진다. 그들의 조상 이삭도 하나님의 선택이고, 야곱도 하나님의 선택이다. 장자의 자리를 가지고 태어났다고 하여 하나님의 축복 안에 머무르는 것이 아니요, 우월한 무엇으로 장자의 복을 받는 것이 아니다. 하나님의 주권은 오직 사랑할 자를 사랑하시는 것이다. 그리고 미워할 자를 미워하시는 것이다. 이것이 하나님의 계획이고 방법이다.

:: 묵상 나눔

이삭과 이스마엘, 야곱과 에서는 하나님의 세상에서 호흡하며, 그들 나름대로의 모습으로 살아갑니다. 말씀을 통하여 그려진 그들의 모습이 우리의 생각을 편 가르기도 하지만, 하나님은 그들이 살아가는 삶의 모습을 보기 이전부터 더 사랑하고자 하는 자를 선택 하십니다. 하나님은 아브라함에게 "명년 이 때에 내가 이르리니 사라에게 아들이 있으리라" 말씀하십니다. 즉 이삭은 어머니의 태에 생명으로 존재하기 전부터 하나님의 마음에 존재했고, 때가 되어 사라의 태에 약속의 씨로 심으십니다. 야곱도 이미 하나님의 마음에 존재합니다.

어머니의 태에 있기 전부터 존재했다는 것은 하나님의 절대주권 앞에 살아간다는 것을 알게 합니다. 전적으로 하나님의 은혜 안에서 거룩한 자녀로 살아가는 것을 부정할 수 없게 합니다. 이는 뿌리가 중요한 것이 아니요, 원인이 구원에 이르게 하는 것이 아니라는 것을 알게 합니다. 유대인들이 예수님을 인정하지 않는다고 해서 구원이 그 가치를 잃어버리는 것이 아닌 것과 같습니다. 유대인이 하나님의 백성으로 실패한 듯 보여지지만, 하나님을 바라는 백성이 있었고, 하나님의 뜻을 외치는 이들이 있었습니다. 그저 흑암 속에 놓여진 듯 느껴지지만 하나님의 열심은 이스라엘을 움직이시며 동시에 모든 인류를 위한 역사인 것을 결국 드러내십니다. 우리의 구주 예수 그리스도를 통하여...,

우리에게 무슨 선함이 있어서 선택 된 것이 아니요, 오직 은혜를 따라 흘러온 역사 속에 우리도 머물고 있습니다. 하나님을 향한 믿음을 잃지 않고, 신실한 마음으로 하나님의 역사를 살아가는 이들도 있습니다. 이런 삶은 결코 거룩해서도, 영광스러운 삶이여서도 아닙니다. 어머니의 태에 있기 전부터 이미 택하여 주셨고, 여전히 함께 하시고자 우리의 영혼을 깨워주신 하나님의 은혜가 있기 때문입니다.

:: 기도 나눔

하나님 아버지, 오직 부르시는 하나님의 은혜로 자녀가 된 것을 고백하며, 그 은혜를 감사합니다. 어머니의 태에 있기전부터 하나님의 마음에 존재했다는 것은 얼마나 놀라운 감격인지 모릅니다. 그 은혜가 오늘을 이겨내게 하고 최선을 다하는 이유가 됩니다. 그러니 더욱 깨어있게 하옵소서.

41. 9:14-18

마음을 주관하시는 하나님

:: 말씀 나눔

하나님은 아브라함을 선택하시고 그의 아들 에서와 이삭 두 아들 중 이삭을 선택하신다. 그리고 하나님의 은혜를 잇는 거룩한 씨가 되게 하신다. 이삭의 두 아들 중에서 야곱은 사랑하시고 에서는 미워하시는 하나님이다. 수많은 사람 중에서 아브라함을 선택하신 것도, 그의 아들 이삭을 선택하신 것도, 야곱을 선택하신 것도 하나님의 뜻이다. 인간적인 생각으로는 하나님의 방법을 이해를 할 수 없다. 그렇다고 해서 불의하시다는 항변을 할 수 없다. 하나님과 인간의 질적 차이를 인정하는 것이 인생의 몫이요, 오늘을 살아가는 우리는 영혼을 열어주시어 하나님의 자녀가 되게 하신 것에 감사할 뿐이다.

하나님의 절대주권은 긍휼히 여길 자를 긍휼히 여기고 불쌍히 여길 자를 불쌍히 여기는 것이다. 하나님은 아브라함과 이삭과 야곱에게 약속하셨던 약속의 땅으로 이스라엘 백성을 인도하신다. 선민 이스라엘 백성을 사랑하시는 하나님은 그들보다 먼저 사자들을 보내시어 가나안 사람과 아모리 사람과 헷 사람과 브리스 사람과 히위 사람과 여부스 사람을 쫓아내시고 젖과 꿀이 흐르는 땅에 이르게 하실 것이라고 말씀하셨다. 그런데 하나님은 이스라엘 백성과 함께 올라가지 않을 것이라는 말씀을 하신다. 이유는 시내산 하나님의 임재 앞으로 올라간 모세가 쉽게 내려오지 않자 이스라엘 백성이 금송아지를 만들었기 때문이다. 뿐만 아니라 그 우상을 향하여 애굽 땅에서 인도해 낸 신이라 외치며, 그 앞에 제단을 쌓고 경배했기 때문이다. 하나님의 진노에 "내가 참으로 주의 목전에 은총을 입었사오면 원하건대 주의 길을 내게 보이사 내게 주를 알리시고 나로 주의 목전에 은총을 입게 하시며 이 족속을 주의 백성으로 여기소서" 간절히 바란다. 하나님은 모세의 간구에 "내가 친히 가리라" 응답 하시며 내가 긍휼히 여길 자를 긍휼히 여길 것이라 말씀하신다. 하나님의 긍휼은 인간 모세의 간절한 기도에 귀를 기울여 주신다.

하나님은 이방 나라의 바로를 통해서도 구원역사를 이루어 가신다. 모세는 이스라엘 백성을 애굽에서 나가게 해줄 것을 바로에게 요청한다. 바로는 당연히 모세의 요구를 듣지 않는다. 계속되는 재앙에도 불구하고 바로의 마음은 더욱 완악해지고, 출애굽은 불가능해 보이는 듯하다. 그러나 말씀은 완악해진 바로의 행동을 통하여 하나님의 이름이 온 천하에 전파되도록 하시기 위한 것이며, 그의 마음을 교만해지도록 하셨다고 기록한다. 하나님은 하고자 하시는 뜻을 이루시기 위하여 사람의 마음을 진노의 그릇으로 사용하기도 하시며, 긍휼히 여겨야할 자들을 위하여서 완악한 마음이 되게도 하신다. 어떤 방법이든 하나님의 궁극적인 목적은 계획하신 뜻을 이루시는 것이다. 하나님은 모세와 이스라엘 백성에게는 한없는 긍휼(자비)을 베푸시지만 애굽의 백성은 바로의 완악함으로 고통 속에 잠기게 된다.

:: 묵상 나눔

긍휼이 여길 자를 긍휼히 여기시고, 불쌍히 여길 자를 불쌍히 여기시는 하나님이십니다. 하나님의 뜻을 위하여 긍휼히 여기기도 하시고, 완악하게도 하십니다. 하나님은 선민 이스라엘 백성을 애굽으로부터 자유를 얻게 했고, 홍해를 가르시고 건너게 하셨습니다. 하나님의 능력을 여과 없이 나타냈던 모세가 수일동안 그들의 눈에 보이지 않습니다. 그러자 금송아지를 만들어 놓고 그들을 이끌어 낸 신이라며 경배합니다.

하나님은 그런 이스라엘 백성의 행동을 용납할 수 없었고, 그 대가로 가나안 땅에 함께 들어가지 않겠다고 말씀하십니다. 그러나 하나님의 종 모세의 간절한 간구에 마음을 여시고 이스라엘 백성을 긍휼히 여겨 주십니다. 영적리더 모세의 간절한 마음이 낳은 아름다운 결과입니다.

애굽 백성의 주인 바로가 있습니다. 어느 날 하나님의 이름을 앞세운 모세가 애굽 백성의 주인 바로를 찾아갑니다. 그리고 이스라엘 백성을 이끌고 나가도록 요청합니다. 그러나 바로의 마음을 완악하게 하시는 하나님의 간섭은 애굽 백성에게는 힘겨운 시간이 됩니다. 바로의 마음이 완악해지면 완악해질수록 더해지는 고통은 고스란히 애굽 백성의 몫이 됩니다. 바로의 마음을 완악하게 하신 하나님이시니 애굽 백성은 하나님의 긍휼을 받지 못한 슬픈 백성입니다.

그러나 하나님의 이름이 온 땅에 전파되기를 원하시는 하나님이십니다. 그 긍휼하심이 이스라엘 백성과 함께 모든 인생들에게 향하신 것입니다. 이는 애굽을 떠나 구원을 향하여 출발하는 무리 중에 함께 했던 수많은 잡족이 증명해 줍니다. 이스라엘 백성이 아니었으나 하나님을 인정하는 이들은 약속의 땅을 향하는 길에 함께합니다. 우리도 하나님의 긍휼을 얻은 오늘이기에 감사하며, 마지막까지 완악한 자가 되지 않기를 간절히 소망합니다.

:: 기도 나눔

하나님 아버지, 모세의 기도를 들으시고 이스라엘 백성의 길에 함께 하신 그 은혜를 찬양합니다. 하나님의 뜻을 잇는 영적 리더가 되기를 소망합니다. 하나님의 마음을 움직이는 영적 리더가 되기를 소망합니다. 하나님의 뜻에 반하지 않게 하셔서 늘 선한 일에 사용되는 종이 되게 하옵소서.

42. 9:19-23

긍휼히 여김을 받은 우리

:: 말씀 나눔

하나님의 선택과 유기..., 긍휼히 여김을 받는 자와 그렇지 못한 자...., 선한 도구로 사용되는 자와 완악한 도구로 사용되는 자..., 귀히 쓸 그릇과 천히 쓸 그릇..., 이 문제는 인간이라면 한번쯤은 고민하게 하는 질문들이다. 하나님의 말씀으로 창조된 세상이고, 하나님의 형상대로 지은바 된 인간이다. 하나님의 세상이니 그저 아름다워야 하고, 하나님의 형상대로 지음을 받았으니 모든 인생이 하나님의 사랑의 대상이 되어야한다. 그런데 누군가는 선택이 되고, 다른 누군가는 유기가 된다. 어떤 이는 긍휼히 여김을 받고 어떤 사람은 긍휼과는 전혀 다른 완악한 도구로 사용된다. 저 사람은 귀히 쓸 그릇이 되어 보배로운 존재가 되고, 이 사람은 천히 쓸 그릇이 되어 전혀 상반된 존재로 살아간다. 하나님의 세상이지만, 하나님의 형상대로 지음을 받은 모든 인류이지만, 왠지 형평성에 어긋나는 듯..., 우리 인생은 서로 다른 길 앞에 놓여 져 있다.

그렇다면 하나님의 이러한 방법이 허물하신 것인가. '허물하다'에 해당하는 헬라어는 '결점을 찾다', '비난하다'는 뜻을 가지고 있다. 그리고 '그 뜻'은 하나님의 구원역사의 주권, 그분의 섭리를 의미한다. 인생 모두에게 동일하게 자비를 베풀지 않으시는 하나님의 방법, 즉 하나님의 형상대로 지음을 받은 사람인데 왜 선택과 유기가 있는지 묻는 것이다. 또한 누가 감히 하나님의 뜻을 거역할 수 있겠습니까... 라는 물음은 하나님의 방법이 정당하지 못한 것을 꼬집어 말하는 것이다. 하나님의 뜻이 그렇게 절대적이라면 '그 뜻'에 따라 움직이는 인간은 하나님의 뜻을 거역할 수 없는 것인가. 그 결과에서 오는 인간의 행동에 대하여 나무라신다면 그것은 곧 부당한 논리가 되는 것은 아닌가. 바울은 충분히 제기될 만한 문제를 풀기 위해 가공인물을 설정하여 감히 하나님께 반문할 수 없는 이유를 설명한다.

그릇을 만들어내는 토기장이가 있다. 그리고 진흙 한 덩이가 그의 손에 있다. 토기장이는 자기의 소유인 진흙으로 귀한 그릇을 만들 수 있고, 천하게 쓰는 그릇을 만들 수도 있다. 어떤 그릇을 완성하든 그 권한은 진흙의 주인인 토기장이에게 있다. 누구도 토기장이의 결정에 반문할 수 없다. 하나님의 주권도 이와 같다. 하나님으로부터 시작된 모든 생명은 그 생명의 주인이신 하나님의 방법에 이의를 제기할 수 없다. 선민 이스라엘이든, 선민이 되지 못한 이방인이든 누구도 예외가 될 수 없다. 하나님께서 영광을 받고자 예비하신 자에게는 긍휼을 베풀어 주시는 것이고, 선택하고 유기하시는 것도, 마음을 완악하게 하는 것도, 모두 하나님의 역사를 위해서 이고, 뜻을 이루어가는 하나님의 방법이다. 인간이 하나님께 순종을 거부하는 것조차 하나님의 패배가 아니요, 오히려 절대적인 능력이 되는 것이다. 하나님의 선택을 받은 영광은 오직 주의 영광의 풍성함을 전파하고 알리는 일에 사용될 뿐이다.

:: 묵상 나눔

처음 사람 아담에게는 아름다움이 있습니다. 하나님의 손길이 있으니 아름답고, 하나님의 생명이 육체를 주관하니 아름답습니다. 그러나 가장 아름다운 것은 하나님과 교제할 수 있는 영혼, 그의 영혼이 살아 있기 때문입니다. 무엇과도 바꿀 수 없는 하나님의 임재가 아담의 연약함을 품어주고 있기에 아름다운 사람이 될 수 있습니다.

우리 인간은 하나님의 임재가 있을 때에야 비로소 아름다울 수 있습니다. 하나님의 임재가 떠나면 아름다움은 곧 죄악으로 물들어 버립니다. 죄악이 가득한 사람의 입에는 "하나님은 왜 허물하시느냐"는 질문이 있습니다. 하나님의 긍휼을 입지 못한 사람의 입술에서는 "누가 하나님의 뜻을 대적하겠느냐" 하는 비아냥거리는 소리가 있습니다. 모든 인생이 죄인으로 시작한 까닭입니다. 우리도 하나님의 임재 안에 있지 않는다면 저들처럼 비난과 조롱섞인 언어들로 역사를 채워갈 것입니다. 하나님의 방법에 아무런 말을 하지 않는 이가 아름다운 사람입니다. 이유는 하나님께 선택을 받았기 때문에 가능한 일이요, 긍휼히 여김을 받았기 때문에 깨닫게 된 은혜이기 때문입니다. 영광을 받을 수 있는 자리에 우리를 세워주신 까닭입니다.

하나님은 악을 좋아하지 않으시지만, 그렇다고 해서 모두를 구원하지 않으십니다. 하나님은 사랑이라 말씀하시지만, 모두를 사랑하지 않으십니다. 하나님은 은혜로우신 분이지만, 모두에게 은혜를 베풀지 않으십니다. 하나님은 자비로운 분이시지만, 모두에게 자비를 베풀지 않으십니다. 하나님은 노하기를 더디하시지만, 모두에게 노하기를 더디하지 않습니다. 하나님의 은혜와 자비, 노하기를 더디하시는 그 사랑을 얻은 자만의 것입니다.

:: 기도 나눔

하나님 아버지, 죄인으로 시작한 인생이지만, 놀라운 자비하심으로 귀히 쓸 그릇이 되게 하시고 사용하여 주시니 감사합니다. 하나님 오래 참으심으로 진노의 그릇을 긍휼의 그릇으로 바꾸시고, 영광이 되게 하시니 감사합니다. 간절히 구하오니, 노하기를 더디하시는 은혜를 입은 자 답게 살아가게 하옵소서.

43. 9:24-29

내 백성 아닌 자를 내 백성이라

:: 말씀 나눔

유대인은 유대인 나름대로, 이방인은 이방인 나름대로 모두 하나님의 공의 앞에서 진노의 그릇일 뿐이다. 그러나 하나님의 긍휼은 진노의 그릇인 모든 인류, 언약 안에 있는 유대인이나 언약밖에 있는 이방인까지 거룩한 백성의 자리에 머무를 수 있도록 하신다. 이방인을 향한 하나님의 계획은 이미 호세아 선지자를 통하여 말씀하시는데(호2:23,1:10), 사도 바울이 인용한 말씀 중 "이 그릇", "내 백성 아닌 자", "사랑하지 아니한 자", "내 백성이 아니라 한 그 곳"... 이다.

물론 호세아 선지자가 외치던 대상은 북이스라엘이다. 당시 북이스라엘은 하나님께서 기업으로 주신 가나안 땅을 빼앗기고 쫓겨나 이방인의 땅에서 살아가게 된다. 하나님의 은혜와 무관하게 그들의 죄가 가지고 온 결과요, 고달픔이었다. 그러나 하나님은 내 백성이 아니라 한 그곳, 약속의 땅이 아닌 이방인의 땅에서 살아 계신 하나님의 은혜를 입게 하신다. 그들의 잘못이 가지고 온 결과이지만 하나님은 이스라엘의 회복을 약속하신 것이다. 바울이 호세아서의 말씀을 인용하는 이유는 무엇인가. 이방인으로 오늘을 살아가는 우리, 곧 아담으로부터 시작된 모든 인류의 회복을 말하기 때문이다. 회복의 주권이 누구인지 바울은 하나님의 말씀을 근거로 하여 이방인의 회복을 말하면서 동시에 부르심(구원)은 오직 하나님의 전적인 주권에 있다는 것을 알게 한다. 이스라엘 백성은 아브라함의 자손, 할례, 율법이 구원의 조건이라 생각하지만, 하나님의 구원은 그들과 전혀 다른 방법, 예수님의 죽음과 부활이다. 선민 이스라엘이라는 조건을 가졌다 해도 민족이 구원을 보장하는 것이 아니요, 그들도 은혜의 대상이 될 뿐이다.

이방인을 향한 하나님의 긍휼, "내 백성 아닌 자를 내 백성이라, 사랑하지 아니한 자를 사랑한 자라 부르리라"는 호세아의 글을 인용한 후 이제는 이사야의 글을 인용하여 이스라엘이 실패한 구원을 알린다. 하나님께서 아브라함에게 "바다의 모래와 같은" 후손을 주시겠다고 약속하셨고, 그 약속은 그대로 이루어졌다. 그러나 그들의 실패는 "오직 남은 자만이 구원을 받으리라"는 말씀이 되게 했고, 구원과 심판 앞에서 모든 인생은 차별이 없음을 말씀에 근거하여 전한다. 이스라엘은 분명 아브라함에게 주셨던 하나님의 약속이 이루어진 축복의 민족이요, 은혜의 민족이다. 그런데 하나님 앞에서 당당하기만 한 이스라엘 백성은 오히려 타락을 향하여 달려갔고, 그 결과는 구원에서 더욱 멀어지게 한다.

하나님의 말씀은 분명 이루어지고 속히 시행 될 것이라 하셨다. 그 약속을 이루시기 위하여 우리의 하나님 아버지는 거룩한 씨를 남겨 두셨다. 죄악으로 무너진 소돔과 고모라처럼 완전한 멸망이 우리를 기다리고 있지만, 하나님께서 남겨두신 그루터기는 인류의 희망이 되어 우리와 함께 하고 있다.

:: 묵상 나눔

하나님은 "내 백성 아닌 자", "사랑하지 아니한 자"라는 표현을 모든 인류에게 그대로 알리실 만큼 이스라엘 백성을 사랑하시고 마음에 두셨습니다. 그들이 하나님을 떠났을 때도 여전하시고, 그들만의 만족에 도취되어 있을 때에도 그리하십니다. 하나님의 사랑은...., 이스라엘 백성은 모든 민족이 누리지 못한 선민이 되었다고 하여, 누구도 끊을 수 없는 하나님의 사랑을 받은 자들이라 하여 그들의 마음이 하나님을 향하지 않습니다. 하나님의 절대적인 은혜가 무색하리만큼 말입니다.

그런데 하나님을 떠난 이스라엘 백성처럼 오늘을 살아가는 우리도 무조건적인 은혜를 무색하게 합니다. 우리의 오늘은 이스라엘 백성의 역사를 더한 오늘이기에 더 위대한 자녀의 삶이 되어야 하는 인생입니다. 어제의 실패를 알기에 오늘은 더욱 깨어 있어야함에도 또 어제와 같은 모습입니다. 우리의 오늘도 이스라엘 백성처럼 여전히 부족하고 어리석습니다.

세상은 배움으로 모든 것을 얻을 수 있다고 말하지만 과연 그러할 수 있을까요. 역사에 역사를 더해가는 배움이 있지만 세상은 오히려 어두워지고 아파합니다. 배움이 걸림돌이 되어 연약한 자들의 삶을 더욱 비참하게 합니다. 부유하다고 해서 너그러운 삶이 되지 못하는 세상입니다. 여전히 하루 먹을 양식 때문에 비굴한 무릎을 꿇기도 하고, 힘에 겨운 눈물에 고개를 숙이는 이들이 여기저기서 아우성입니다. 먹을 것이 없어 죽어가는 이들이 세상을 향하여 외치고 있습니다. 하나님의 말씀과 그리스도의 십자가, 그리고 세상이 소리치고 있음에도 여전히 변하지 않는 우리이기 때문입니다. 그런데 하나님의 사랑은 이런 우리를 부르십니다. 거룩한 씨를 남겨두셔서 내 백성이라 부르시고, 내 사랑하는 자라 품어 주십니다.

:: 기도 나눔

하나님 아버지, 하나님의 백성 아닌 저희를 백성이 될 수 있도록 진노를 거두어 주셔서 감사합니다. 하나님께서 사랑하지 아니한 저희를 사랑하는 자로 불러주셔서 감사합니다. 하나님께서 부르심으로 이미 허락된 구원이오니, 변하지 않는 마음으로 하나님의 이름을 부르도록 도와주시옵소서.

44. 9:30–10:4

그저 불쌍히 여기소서

:: 말씀 나눔

하나님은 사랑하지 아니한 자, 이방인을 사랑한 자라 부르시어 의를 얻게 하신다. 하나님의 부르심에 이방인은 믿음으로 응답한다. 하나님이 사랑한 이스라엘은 참 행복자이다. 그들을 향하신 하나님의 마음과 사랑이 그들에게 무엇도 모자라지 않도록 했고, 오히려 아름답도록 했다. 그런데 이스라엘은 하나님의 말씀 위에 그들의 생각을 더하여 결국 율법에 기초한 의를 추구하게 된다. 인간의 의지와 전혀 무관하고, 아무리 힘을 다해 노력한다고 해도 행함으로 의에 도달하는 것은 불가능함에도....., 율법은 의를 이루게 하는 것이 아니요, 오히려 장애물처럼 부딪히는 돌이 되도록 했다. 이스라엘이 그렇게 오랫동안 바라고 기다리던 메시야가 그들에게 걸림돌과 거치는 바위가 된 것처럼..... 하나님의 신실하신 자비와 긍휼하심이 가득한 시온의 영광은 바로 예수 그리스도였으나 이스라엘에게 부끄러움이 된다.

형제들을(동족) 향한 사도 바울의 간절한 마음의 소원은 이스라엘의 구원이다. 하나님을 향한 이스라엘의 열심은 분명 누구도 부인할 수 없을 정도로 수고스러운 삶이다. 바리새인과 세리의 기도를 보면 알 수 있다(눅18:11~12). 바리새인이 기도하는 내용을 보면 그는 토색, 불의, 간음을 하지 않았다. 그의 삶은 일주일에 두 번씩 금식을 하고, 소득의 십일조를 반드시 드린다. 바리새인의 삶의 자리는 좋은 본보기다. 그런데 그의 기도 말미에 "이 세리와도 같지 아니함을 감사하나이다" 말한다. 그렇다면 바리새인의 모든 행동이 과연 하나님을 중심에 둔 올바른 행동에서 온 것일까. 그가 행하고 있는 모든 움직임은 결코 올바른 지식을 따른 것에서 시작된 것이라 할 수 없다. 하나님을 향한 열정이 그들의 내면에 살아있다고 해도, 하나님의 의를 알고자 하지 않았다.

인간이 인간의 삶에 비교하는 것, 인간이 인간의 삶을 판단하는 것은 진정으로 하나님을 주인으로 삼지 않은 증거다. 그러니 예수 그리스도를 통한 하나님의 의는 그들에게 있어 그 어떤 의미도 되지 못한다. 오직 믿음이라는 무조건적인 긍휼을 뒤로하고 땀을 흘려야 만족하는 것처럼 행위에만 집중하는 이스라엘이다. 누구도 범접할 수 없을 정도로 최선을 다하지만 그 최선이 오히려 그들 스스로를 죽일 뿐이다. 자기자신의 만족을 얻고자 선악과를 따먹었던 아담과 같이 그들도 스스로의 만족을 얻기 위하여, 그들만의 노력을 하고 있을 뿐이다. 그들의 마음이나 생각, 그 무엇도 하나님께서 원하시는 뜻이 무엇일까 고민하지 않는다.

율법을 구원의 길로 해석한 이스라엘을 향하여 외치는 고독한 울림은 “그리스도는 모든 믿는 자에게 의를 이루기 위하여 율법의 마침이 되시니라” 도저히 용납할 수 없고 용서할 수 없는 죄를 지은 사람이라 해도, 믿음으로 그리스도께 마음을 여는 사람은 하나님께서 이루시는 의에 이르게 된다.

:: 묵상 나눔

하나님께서 율법을 주시며 의도하셨던 것은 무엇일까요. 하나님 앞에서 목이 곧은 백성이 되지 않는 것, 스스로를 지켜 모든 일에 하나님을 인정하는 것입니다. 하나님을 인정하기에 불의하지 않으려 하고, 하나님을 인정하기에 경건의 삶을 살고자 노력하는 것입니다. 하나님을 인정한다는 것은 우리가 가야만 하는 길이 감사와 찬양이 되도록 합니다.

하나님을 향한 이스라엘의 열심은 누구도 부인하지 못합니다. 그들의 열심에 감히 도전할 수도 없다는 것을 인정합니다. 그런데 그런 열심이 다른 누군가와 비교가 되면 그것은 곧 복종이 되는 것입니다. 하나님을 인정하지 않을 때 따라오는 결과입니다. 율법에 온전히 반응하지 못할 때 절망하게 되고, 만족할 만큼의 결과가 있게 되면 바로 교만으로 이어집니다. 범사에 하나님을 인정하는 것은 나의 모습 그대로를 하나님의 은혜에 비추게 됩니다. 세리의 기도가 그러했습니다. 하나님을 인정하니 그 은혜에 감히 눈을 들어 하늘을 쳐다볼 수 없습니다, 범사에 하나님을 인정하니 나의 가슴을 치며 외치는 속삭임은 "하나님이여 불쌍히 여기소서 나는 죄인이로소이다"입니다.

시온에 두신 하나님의 영광, 그리스도의 사랑이 결코 걸림돌이 될 수 없고, 거치는 바위가 될 수 없습니다. 하나님께서 원하시는 의는 우리의 완벽한 삶이 아닙니다. 하나님께서 바라시는 지식은 의미 없는 복종이 아닙니다. 범사에 하나님을 인정하는 것이요, 그리스도를 통해서만 의를 얻을 수 있다는 것을 믿는 믿음입니다. 그리스도의 십자가는 원인을 요구하지 않습니다. 우리는 거룩할 수도, 경건할 수도, 지식도, 능력도 그 어느 것도 생산할 수 없다는 것을 인정하는 것입니다.

:: 기도 나눔

하나님 아버지, 범사에 하나님을 인정하는 믿음이 되게 하옵소서. 내 마음에 원하는 것이 하나님께서 원하시는 것이라 생각하지 않게 하옵소서. 하나님을 향한 열심이 결국 나의 의를 이루기 위한 열심이 되지 않게 하옵소서. 그저 "하나님이여 불쌍히 여기소서" 간구하는 기도가 되게 하옵소서.

45. 10:9-13

입과 마음으로 드리는 고백

:: 말씀 나눔

하나님은 모세를 통하여 "너희는 내 규례와 법도를 지키라 사람이 이를 행하면 그로 말미암아 살리라"(레18;5) 말씀하신다. 하나님께서 말씀하신 규례와 법도, 그 명령을 지킬 때에만 그 의로 살 수 있다. 그러나 믿음으로 말미암은 의는 말한다. "내가 오늘 네게 명령한 이 명령은 네게 어려운 것도 아니요 먼 것도 아니라 하늘에 있는 것이 아니니 네가 이르기를 누가 우리를 위하여 하늘에 올라가 그의 명령을 우리에게로 가지고 와서 우리에게 들려 행하게 하랴 할 것이 아니요 이것이 바다 밖에 있는 것이 아니니 네가 이르기를 누가 우리를 위하여 바다를 건너가서 그의 명령을 우리에게로 가지고 와서 우리에게 들려 행하게 하랴 할 것도 아니라"(신30:11~13)

이스라엘이 해석한 율법은 그들이 직접 하늘에 올라가는 행함이 있어야 한다는 것이다. 바다를 건너가서 하나님의 명령을 그들에게로 가지고 오는 행함이 있어야 한다는 것이다. 그러나 인생은 행함으로 하늘에 올라갈 수 없으며, 바다 밖으로 나갈 수도 없다. 율법으로 의를 얻겠다는 생각은 하늘로 올라가 그리스도를 모셔 내리겠다는 것이요, 무저갱(바다)으로 내려가 그리스도를 모셔 올리겠다는 것이다. "오직 그 말씀이 네게 매우 가까워서 네 입에 있으며 네 마음에 있은즉 네가 이를 행할 수 있느니라"(신30:14) 하나님께서 이미 행하신 그리스도의 십자가는 행위가 수반되는 율법의 의가 아닌, 입술과 마음으로 고백하는 믿음의 의다.

하나님의 말씀은 하늘에 있는 것이 아니요, 바다 밖(무저갱)에 있는 것도 아니다. 하나님의 말씀은 우리와 가까워 내 입에 있으며 내 마음에 있다. 내 마음에 있는 말씀으로 나의 입이 예수를 그리스도로 시인하는 것과, 하나님께서 그리스도를 죽은 자 가운데서 살리신 것을 마음에 믿으면 구원을 받게 된다. 마음으로 믿을 때 곧 입으로 고백하게 되는데, 고백의 결과는 아름다운 구원이다. 예수를 주로 시인하는 것은 주 되신 그리스도께서 나의 주인이 되시는 것을 인정하는 것이요, 온 세상을 다스는 분이라는 것을 시인하는 것이다.

하나님은 그리스도를 주로 믿는 모든 사람의 마음과 생각을 지키주시어 세상 앞에서 부끄러움을 당하지 않도록 하시겠다 약속 하셨다. 나의 모습이 비참하여도, 희망과는 거리가 먼 것처럼 느껴지고, 너무 약하여 곤고함 가운데 있어도 결코 부끄럽지 않게 하신다. 그리스도의 십자가와 부활은 나의 내면을 따뜻하게 하셔서 모든 사람보다 부요한자가 되게 하실 것이다. 이 약속이 신실할 수 있는 것은 하나님은 우리의 하나님이시요, 모든 사람의 주가 되시기 때문이다.

생명의 주인이신 하나님께서 "누구든지 주의 이름을 부르는 자는 구원을 받으리라" 말씀하신다.

:: 묵상 나눔

하늘에 올라가 그리스도를 모셔 내릴 수 있는 사람이 있을까요. 누가 무저갱으로 내려가 그리스도를 모셔 올릴 수 있을까요. 무엇이 과연 그리스도가 있는 그곳에 다다를 수 있을까요. 동이 서에서 먼 것처럼 행위로는 누구도 그리스도를 만날 수 없다는 것을 말씀으로 인정하게 하십니다. 행위로는 누구도 그리스도를 만날 수 없지만, 은혜는 누구나 그리스도를 만나게 합니다.

행위로는 도저히 용납할 수 없는 니느웨 성읍 사람들과 하나님의 부르심을 입은 요나 선지자가 있습니다. 요나가 부르심을 받은 이유는 하나님을 알지 못하는 이방나라, 니느웨에 가서 그들에게 임할 하나님의 심판을 알리는 것입니다. 그러나 요나의 발걸음은 니느웨로 향하는 배를 뒤로하고, 다시스로 향하여 떠나는 배를 선택합니다. 다시스를 선택한 요나를 기다리는 곳은 물고기 뱃속입니다. 무엇도 불가능한 물고기 뱃속에서 고백하는 기도는 "내가 주의 목전에서 쫓겨났을지라도 다시 주의 성전을 바라보겠나이다"(욘2:4)는 간절함이며, 계속하여 드리는 기도는 "구원은 여호와께 속하였나이다"(욘2:9)입니다. 행함으로 배신한 요나에게 하나님의 은혜는 죽음이 아닙니다. 아름다운 회복입니다.

하나님께서 우리에게 원하시는 것은 하나님을 찾는 마음입니다. 일을 행하시고, 이루어 가시는 분은 하나님이십니다. 행위는 인생의 입을 통하여 흘러나오는 말과 같습니다. 인생의 언어는 한계를 가지고 있어, 사랑도, 용서도, 자비도 완전하지 못하며, 마음에까지 다다르지 못합니다. 그러나 하나님의 임재는 은혜로우시며 자비로우시며 노하기를 더디하시며 인애가 크셔서 재앙이 아닌 영원한 생명입니다. 하늘에 오를 수 없는 우리이기에 그리스도가 하늘에서 내려와 주셨고, 무저갱에서 허우적댈 우리이기에 그리스도께서 우리를 위해 친히 올라와 주셨습니다.

:: 기도 나눔

하나님 아버지, 행여나 마음으로 하늘에 올라가겠다는 교만을 갖지 않도록 도와주시옵소서. 생각으로도 무저갱으로 내려가겠다는 무지를 드러내지 않도록 도와주시옵소서. 하나님의 은혜가 아니면 살아갈 수 없다는 것을 매일 매순간 고백하는 입술과 마음이 되도록 성령님 붙잡아 주옵소서.

46. 10:14-21

내가 종일 내 손을 벌렸노라

:: 말씀 나눔

하나님으로부터 시작 된 주의 이름, 그 이름을 부르는 자는 누구든지 구원을 얻게 된다. 그러나 주의 이름을 부르기까지의 과정 속에는 보내심을 받은 자가 있어야하고, 전파하는 자가 있어야 한다. 아무리 아름다운 진리라 해도 그 진리에 대하여 전혀 들어보지 못했다면 누구도 주의 이름을 부를 수 없다. 이에 이사야 선지자는 복음을 전하는 자에 대하여 "좋은 소식을 전하며 평화를 공포하며 복된 좋은 소식을 가져오며 구원을 공포하며 시온을 향하여 이르기를 네 하나님이 통치하신다 하는 자의 산을 넘는 발이 어찌 그리 아름다운가"(사52:7) 말한다. 이토록 아름다운 발걸음이 이스라엘을 향하여 있다.

그러나 이 아름다운 발걸음이 이스라엘에게는 가리어져 있는 듯하다. 이스라엘의 현실을 바라보는 이사야 선지자는 "우리가 전한 것을 누가 믿었느냐 여호와의 팔이 누구에게 나타났느냐"(사53:1) 선포한다. 하나님의 오른쪽에는 영원한 즐거움이 있다는 것을 전하여도 들으려하지 않는 이스라엘이다. 믿음은 분명 들음에서 난다. 그러나 이스라엘의 역사는 하나님의 말씀을 들으려하지 않는다. 하나님의 말씀을 들으려 하지 않는 이스라엘의 역사는 한시대로만 끝나지 않는다. 이스라엘이라 불리는 오고오는 모든 민족이 그들의 조상들처럼 하나님의 말씀을 들으려 하지 않는다. 이스라엘의 역사에서 외면당한 아름다운 발걸음은 오늘의 이스라엘에게도 여전히 하나님의 빛, 그 능력을 인정하지 못한다.

이스라엘은 과연 복음을 들어본 적이 없는가. 하나님의 백성이 아닌 이방인도 복음을 듣고 깨달아 하나님의 백성이 되었는데, 하물며 선민 이스라엘이 듣지 못했다는 것은 변명일 뿐이다. 하나님의 말씀을 전하는 아름다운 발은 복음이 온 세상으로 퍼지게 했고, 결국 땅 끝까지 이르도록 했다. 이스라엘의 마음을 아시는 하나님은 말씀하신다. "그들이 하나님이 아닌 것으로 내 질투를 일으키며 허무한 것으로 내 진노를 일으켰으니 나도 백성이 아닌 자로 그들에게 시기가 나게 하며 어리석은 민족으로 그들의 분노를 일으키리로다"(신32:21) 이스라엘을 버릴 수 없는 하나님이시기에 "나는 나를 구하지 아니하던 자에게 물음을 받았으며 나를 찾지 아니하던 자에게 찾아냄이 되었으며 내 이름을 부르지 아니하던 나라에 내가 여기 있노라 내가 여기 있노라 하였노라"(사65:1) 말씀하시는…., 그분의 마음이다.

하나님의 자비는 무엇일까. "내가 종일 손을 펴서 자기 생각을 따라 옳지 않은 길을 걸어가는 패역한 백성들을 불렀나니"(사65:2)… 자비는 하루 종일, 아니 모든 시간 은혜의 손을 펴서 기다리는 것이다. 자비는 그 어떤 행위도 용납하고 용서하여 받아들이는 것이다. 하나님의 자비는 거슬러 말하는 이스라엘에게까지 손을 들어 펴시고, 그 손을 결코 내리지 않으신다.

:: 묵상 나눔

우리는 저마다 아픔 하나씩은 마음속에 품고 살아가지 않나 생각해 봅니다. 전혀 의도하지 않는 상황들이 아픔이 되고, 분명 나와는 무관한 일인데, 나의 시간을 침입하여 아픔을 남깁니다. 그런데 내 안에 남아있는 아픔이 나를 더욱 아프게 하는 것은 앞을 향하여 걷는 걸음을 멈춰 버리게 하는 것입니다. 하나님께로 향하는 걸음을 멈추게 하고, 세상을 향하는 걸음을 멈추게 하며, 사랑하는 사람들과의 관계까지도 멈추게 합니다. 멈추어 버린 나의 걸음은 모든 관계에서 단절이 되게 합니다.

이렇듯 관계에서, 시간에서, 멈추어 버리게 하는 아픔이 내 안에 고스란히 남게 되는 이유는 무엇일까요. 물론 여러 가지의 이유가 있겠지만..., 많은 이유 중 간과할 수 없는 것은 '나'를 위하여 살아가기 때문입니다. 내가 존재하는 이유를 하나님에게 두지 않고, 나를 중심에 두고 있기 때문에 아플 수밖에 없습니다. 그 아픔 속에 나를 가두어버리고, 다른 사람에게까지 아픔을 쏟게합니다. 이스라엘은 그들 자신과 민족을 위해 존재한다고 생각했기에, 그들의 세계 속에 하나님의 세계를 가두어 버립니다. 그런데 그들의 세계는 하나님을 아프게 하고 이방인을 힘들게 합니다.

오늘을 살아가는 우리 그리스도인도 이스라엘과 똑같은 길을 가고 있지 않나 생각해봅니다. 오늘의 나는, 그리고 허락된 오늘의 시간은 나를 위해 존재하지 않는다는 것을 알고 있습니다. 그러니 오늘의 아픔이 나를 지배하지 못할 것이라는 진리를 우리는 잘 알고 있습니다. 그럼에도 마음을 이기지 못하는 연약한 나의 모습입니다. 우리는 오늘 숨을 쉬고 있지만 내일을 기대할 수 없고, 오늘 승리할 것이라는 확신을 할 수 없는 연약한 자들입니다. 그러니 연약한 우리는 종일 손을 펴시는 하나님의 자비가 절대적으로 필요한 존재입니다.

:: 기도 나눔

하나님 아버지, 그 자비하심으로 생명의 길을 보여주셔서 감사합니다. 주의 앞에는 충만한 기쁨이 있음을 알고, 주의 오른 쪽에는 영원한 즐거움이 있다는 것을 고백합니다. 그 자비하심으로 내 안에 아픔을 치료해주시고, 종일 손을 펴고 기다리시는 그 사랑으로 오늘을 이겨내도록 도와주옵소서.

47. 11:1-6

그럴 수 없느니라

:: 말씀 나눔

하나님은 이스라엘을 버리셨는가. "내가 종일 내 손을 벌렸노라"는 말씀으로 이스라엘을 향한 하나님의 신실하심을 누구도 부인하지 못하도록 하신다. 바울은 팔일 만에 할례를 받았고 이스라엘 족속이요 베냐민 지파요 히브리인 중의 히브리인이요 율법으로는 바리새인이다. 율법의 의로는 흠이 없는 사울(바울)이지만 예수님(교회)을 박해하는 일에 열심을 다하였다. 율법에 인생을 다하는 이스라엘이고, 바울 또한 그런 이스라엘 민족의 일부가 된다. 그렇다면 그렇게 하나님의 뜻을 거스르는 바울을 버리셨는가. 이스라엘을 향한 하나님의 사랑은 그럴 수 없다. 바울을 버리시기는커녕 오히려 복음을 전하는 사도로 부르신다. 이로써 율법이 구원을 이루는데 절대적 기준이 될 수 없다는 것을 우리로 알게 하신다.

하나님의 방법에 정면으로 도전하는 사울을 향하여 종일 손을 벌리고 기다려 주시는 시간, 두 손을 펼쳐 기다리시는 하나님의 신실하심을 인정하지 못하는 사울의 시간이었다. 그러나 하나님께서 사울의 삶에 개입하셨고, 하나님의 자비는 사울이 바울 되는 영광으로 인도하신다. 교회를 박해하던 사울을 선택하셔서 은혜가 과연 무엇인지 알게 하신다. 그리고 은혜를 주심으로 자기 백성을 버리지 않고 끝까지 사랑하신다는 것을 알게 하신다.

이스라엘의 패역이 아무리 크더라도 버릴 수 없는 하나님의 사랑, 그 사랑은 이스라엘의 역사 속에 생생하게 살아있는 엘리야 사건 속에도 감추어져 있다. 이세벨의 비호 아래 평화를 누리는 바알과 아세라 선지자들이 엘리야와의 대결을 위해 갈멜 산에 있다. 갈멜 산에 서 있는 엘리야는 하늘에서 내리는 불로 바알 선지자들을 제압한 후, 이세벨에게 속한 선지자들을 모두 몰살한다. 이 소식을 들은 이세벨은 엘리야를 죽이겠다는 다짐을 전한다. 하나님의 강력한 임재 속에 있었던 엘리야지만 이세벨의 소리에 두려움을 느끼고 바로 브엘세바 광야로 도망한다. 지치고 지친 엘리야는 로뎀나무 아래에서 차라리 죽기를 구하지만, 하나님은 천사를 보내시어 먹이시고 다시 일어나게 하신다. 엘리야는 음식의 힘을 의지하여 하나님의 산 호렙에 이르렀고, 그곳에 임재하신 하나님께 "주여 그들이 주의 선지자들을 죽였으며 주의 제단들을 헐어 버렸고 나만 남았는데 내 목숨도 찾나이다" 호소한다. 그러자 하나님은 "내가 나를 위하여 바알에게 무릎을 꿇지 아니한 사람 칠천 명을 남겨 두었다" 말씀하신다.

엘리야의 눈에는 홀로 남은 자신밖에 보이지 않는다. 그러나 하나님의 역사 속에는 은혜를 입은 남은 자들이 있다. 하나님께서 은혜 입은 자를 남겨두신 것처럼 오늘도 여전히 하나님의 뜻을 이루도록 남겨진 자가 있다. 그러할 수 있는 것은 하나님의 자비가 신실한 사랑이 되어 종일 손을 펼쳐 주시기 때문이다.

:: 묵상 나눔

"하나님이 자기 백성을 버리셨느냐"는 질문에 "그럴 수 없느니라"는 답입니다. 이스라엘 사람으로 무엇도 뒤지지 않는 바울이니, 하나님의 뜻을 거슬러 교회를 핍박하는 일상이 당연한 결과입니다, 하나님께서 자기 백성을 버리셨다면 바울은 그의 피가 식어지기까지 교회를 핍박하는 삶의 자리에 있었을 것입니다. 그런데 바울의 오늘은 예수님의 십자가 고난과 부활의 영광을 찬양합니다. 교회를 핍박하는 자리에서 이제는 주를 위해 목숨까지 내어 놓겠다는 마음입니다. 그의 간절한 바람은 "나의 형제 곧 골육의 친척을 위하여 내 자신이 저주를 받아 그리스도에게서 끊어질지라도 원하는 바로라"(롬9:3) 외치는 기도가 됩니다.

그리스도를 향해 돌을 던지는 이스라엘이지만 그럼에도 하나님은 그들을 버리지 아니하시고 종일 손을 벌리셨고, 그들이 주께로 돌아오기를 바라십니다. 이스라엘의 역사 속에 잠시 머무르다 떠난 엘리야 선지자가 있습니다. 그는 이세벨의 세력을 등에 업고 평안을 누리는 바알 • 아세라 제사장들과 대결을 하였고, 하나님의 임재 가운데 승리를 합니다. 하나님으로부터 끊임없이 멀어지는 이스라엘이기에, 그들의 시간과 공간 속에서 역사하신 것입니다. 하나님의 살아계심과 그 위엄을 통하여 돌아오기를 기대하시며, 누구도 하나님의 역사를 거스를 수 없다는 것을 알리십니다.

하나님은 하나님을 위하여 바알에게 무릎 꿇지 않는 수많은 사람을 보호하십니다. 그들의 어떤 선한 행위 때문이 아닌, 오직 하나님의 은혜로 택하심을 따라 남은 자들입니다. 오늘 우리의 마음이 하나님을 향하여 손을 들 수 있는 것, 하나님의 역사를 위한 동역자로 살아가는 것, 은혜로 택함을 받은 그 시대의 남은 자이기 때문입니다. 우리의 행위에 따른 것이 아니요, 종일 손을 벌리시는 신실하신 사랑이 우리를 감싸주시는 은혜이기 때문입니다.

:: 기도 나눔

하나님 아버지, 오늘 마음속에 품었던 생각으로는 하나님 앞에 설 수 없습니다. 오늘 걸었던 발자취로는 하나님의 영광 앞에 설 수 없습니다. 오늘 수고했던 행동으로는 결코 선을 이루지 못했습니다. 오직 은혜로 택하심을 얻은 자 되었고, 그 은혜로 하나님을 찬양합니다. 하나님 감사합니다.

48. 11:7-12

세상의 풍성함

:: 말씀 나눔

하나님께서 하나님의 일을 온전히 이루셨기에 역사 속에 그분의 신실하신 사랑이 충만하다. 선택된 백성 이스라엘도 온힘을 다해 그들의 일을 이루어 가고자 한다. 그러나 이스라엘은 그들이 구하는 것을 얻지 못한 채 그만 실패한 역사를 만들고 만다. 하나님은 인간의 시기와 질투까지도 사용하셔서 결국은 뜻을 이루시지만 이스라엘은 그들의 일을 이루지 못하였기에 우둔한 자의 삶이 되고 만다. 이를 성경은 이렇게 기록한다. "대저 여호와께서 깊이 잠들게 하는 영을 너희에게 부어 주사 너희의 눈을 감기셨음이니 그가 선지자들과 너희의 지도자인 선견자들을 덮으셨음이라"(사29:10), "그러나 깨닫는 마음과 보는 눈과 듣는 귀는 오늘 여호와께서 너희에게 주지 아니하셨느니라"(신29:4). 깊이 잠들게 하는 영은 백성들로 하나님을 찾지 못하게 했고, 깨어 외쳐야할 선지자들과 지도자인 선견자들의 영을 잠들게 한다. 깨달을 수 있는 마음, 볼 수 있는 눈, 들을 수 있는 귀, 모든 것을 막으셔서 무감각한 이스라엘이 되게 하신다. 결국 일을 이루셨고, 이루어 가시는 하나님 앞에 설 수 없는 그들이다.

다윗은 말한다. "그들의 밥상이 올무가 되게 하시며 그들의 평안이 덫이 되게 하소서 그들의 눈이 어두워 보지 못하게 하시며 그들의 허리가 항상 떨리게 하소서"(시29:22~23). 다윗 시대의 역사적 배경으로 해석하면 본문은 이스라엘을 괴롭히는 이방 대적들이다. 그러나 고통 받던 이스라엘이 이제는 하나님을 찾지 않고 다윗 시대 이방인처럼 악독과 패역한 자들이 되어 버렸다. 이스라엘의 정체성에 있어 결코 분리될 수 없는 제사, 이 제사(밥상)는 제의적 맥락에서 희생제물을 바치는 제단을 의미한다. 그런데 밥상이 올무가 되었다는 것은 진정한 예배가 드려지지 않고 있다는 것을 의미한다. 그들은 하나님과의 관계가 완전히 무너진 율법주의자 일뿐이다. 율법이 이스라엘에게 오히려 올무가 되고 덫이 되어 버렸다. 보지 못하고 설 수 없으니 동굴 속에 갇혀버린 것처럼 희망이 사라져버린 이스라엘이다.

이스라엘은 그들이 간절히 구하는 것을 얻지 못했다. 그렇다고 이스라엘의 실족이 완전한 넘어짐이 되었는가. 그럴 수 없다. 그들의 실수와 넘어짐으로 하나님의 은혜는 곧 이방인에게 향하였다. 하나님의 은혜가 이방인을 영화롭게 할 때에 이스라엘은 이방인을 시기할 것이며, 그 시기로 하나님을 다시 찾게 될 것이다. 이스라엘의 허물이 세상의 부요함을 가지고 올 것이고, 이스라엘의 실패가 이방 사람을 부요하게 할 것이다. 이스라엘도 이방인도 모두 실패하지 않고 결국은 온 인류가 충만함으로 하나님의 영광 앞에 설 것이다. 하나님의 신비로운 구원 계획과 섭리는 다시 회복하도록 하는 영광이 되게 할 것이다.

:: 묵상 나눔

나의 행위와 의지를 요구하는 율법이고, 나의 무엇을 요구하지 않는 복음입니다. 전혀 다른 방향이기에 결코 일직선상에 놓여 질 수 없는 복음과 율법입니다. 그런데 하나님의 역사 안에서 서로 다른 두 길이 은혜의 일직선상에 놓여지게 됩니다. 유대인과 이방인의 역사도 그러합니다. 삶의 목표가 다르고 방향이 어긋나 있습니다. 전혀 어우러질 것 같지 않습니다. 그런데 하나님의 역사는 서로 다른 두 문화가 함께 어우러져 생명의 일직선상에 놓여 있게 하십니다.

하나님께서 일으키시는 시기는 이스라엘로 실패하지 않는 민족이 되게 하시고, 이방인에게는 구원에서 제외되지 않는 은혜가 됩니다. 하나님의 역사는 넘어지는 것도 은혜가 되게 하시고 시기하는 것도 생명이 되게 하십니다. 야곱은 사랑하는 라헬에게서 요셉을 얻습니다. 사랑하는 여인을 통하여 노년에 얻은 요셉이기에 여러 아들들보다 더 사랑했고, 형님들은 한 번도 입어보지 못한 채색옷을 입게 합니다. 야곱으로부터 특별한 사랑을 받고 있는 요셉인데, 심지어 하나님도 형님들이 감히 경험하지 못한 멋진 꿈까지 꾸게 하십니다. 하나님과 아버지로부터 받고 있는 사랑은 결국 형님들에게 시기가 나게 했고, 그 시기는 고난의 시작이요, 이해할 수 없는 13년의 시간이 되게 합니다. 요셉에게는 끝없는 눈물의 시간이고, 아버지 야곱은 아들을 잃은 참담한 고통의 시간입니다.

시기로 인해 모든 것이 무너진 것 같았지만, 하나님의 역사는 요셉을 애굽의 총리가 되는 영광으로 바꾸십니다. 인간의 시기는 올무가 되고, 덫이 되고, 거치는 것이 되어 아픔과 고통이 끊어지지 않게 합니다. 서로의 관계가 어그러지게 하고, 사랑이 멈춰 버리도록 합니다. 그러나 하나님께서 허락하시는 질투와 시기는 새로운 역사의 시작이 되게 하십니다.

:: 기도 나눔

하나님 아버지, 하나님의 역사는 시기로 태풍이 일게 하시고, 고난으로 참담한 상황을 만나게도 하십니다. 호흡하는 오늘이 내게 무슨 유익이 있을까 하는 두려움이 엄습할 때도 있습니다. 그러나 이런 모든 순간에서 고백하는 것 '하나님은 영광을 받기에 합당하십니다'는 찬양이 되게 하소서.

49. 11:13-24

자연 속에서 숨을 쉴 수 있음은

:: 말씀 나눔

이스라엘의 넘어짐은 곧 이방인이 그리스도께로 돌아오도록 하는 계기가 되게 한다. 아브라함을 선택하시고 다윗을 세우셨던 하나님은 이스라엘의 오늘이 비록 넘어졌지만 오늘 넘어졌다고 하여 완전한 멸망은 허락하지 않으신다. 그들은 이방인을 통하여 일하시는 하나님의 방법으로 결국 마음을 돌이킬 것이다. 이에 바울은 이방인이 그리스도께로 돌아오도록 사용되는 사도이기에 영광이라 고백한다. 또한 이스라엘이 이방인을 향한 하나님의 사랑으로 시기하여 돌아올 것을 알기에 영광스러운 사도라 고백한다.

하나님께서 세상과 화해를 이루시기 위해 잠시 이스라엘을 외면하는 것일 뿐, 그들도 죽은 자들 가운데서 살아나는 인생이 되게 하실 것이다. 첫 곡식가루로 만든 반죽 덩이가 거룩하면 남은 떡덩이도 거룩한 것처럼, 뿌리가 거룩하면 그의 가지도 당연히 거룩하다. 이스라엘의 뿌리는 이미 믿음으로 인정받은 열조가 증거이며, 오늘의 이스라엘은 이러한 믿음의 조상들로부터 시작 된 가지다. 능력의 빛을 발하는 이스라엘의 역사도, 때로는 그 빛을 잃어버린 힘겨운 역사도 결코 버려질 수 없는 거룩한 가지가 된다.

하나님의 복음을 거부한 이스라엘은 꺾인 가지가 되어 생명을 잃어버렸다. 그러니 참감람나무 가지가 꺾인 그 자리에 돌감람나무인 이방인이 접붙임을 받게 되었고, 구원사의 뿌리인 아브라함의 언약과 영광의 복된 유산에 동참할 수 있게 되었다. 참감람나무가 무너지고 그 자리에 접붙임을 받았다고 하여 이방인은 무엇도 자랑할 수 없다. 가지가 아무리 튼튼하고 보기에 좋다고 해도 가지가 뿌리를 보전하는 것이 아니요, 뿌리가 가지를 보전하기 때문이다. 가지를 보전하는 능력은 뿌리에서 올라오는 양분으로만 가능하고, 비로소 가지는 존재할 수 있다. 생명력 있는 뿌리는 언제나 희망이 있지만, 가지는 뿌리와 연합해야만 살아낼 수 있다. 돌감람나무가 스스로의 힘으로 참감람나무가 될 수 없는 것처럼, 참감람나무의 진액이 없이는 희망이 결코 있을 수 없다.

이스라엘은 믿지 않음으로 꺾인 가지가 되었고, 이방인은 믿음으로 접붙임을 받았다. 원가지에 접붙임을 받았다고 하여 넘어져버린 이스라엘을 비웃으며 높은 마음을 품지 말아야 한다. 하나님은 원 가지인 이스라엘도 아끼지 아니하셨다. 이는 곧 접붙임 받은 이방인도 아끼지 아니하실 수 있다는 것을 의미한다. 하나님의 인자하심 앞에 머물러 있지 않고, 믿는 믿음에서 떨어진다면 이스라엘에게 행하신 것처럼 꺾임을 당하게 된다. 접붙이실 능력이 오직 하나님께만 있는 것처럼, 우리가 원가지에 붙어 있을 수 있는 은혜도 오직 하나님께만 있다. 돌감람나무인 우리가 타고난 본성을 거슬러 좋은 감람나무에 접붙임을 받았으니, 처음부터 좋은 본성을 가진 원가지 이스라엘에게는 훨씬 더 쉬운 일이다.

:: 묵상 나눔

이방인을 위하여 사도로 선택된 것이 영광이고, 동족 이스라엘을 위하여 쓰임을 받는 것에 감사하는 바울입니다. 마른 나뭇가지처럼 존재하는 이유도 모르고, 아무런 쓸모가 없는…., 그래서 무엇도 할 수 없는 우리입니다. 생명력이라고는 전혀 없는 우리인데…,하나님께서 능력을 부어 주시고 직분을 허락하십니다. 그리고 각자의 분량대로 감당하게 하십니다.

하나님께서 허락하신 직분을 감당할 때 모두에게 은혜를 끼치지 못하고 허우적댑니다. 오히려 하나님의 영광을 가리울 때가 허다합니다.

성령께서 붙잡아 주지 않으시면 한걸음도 나갈 수 없다는 것을 잘 알고 있습니다. 그럼에도 남보다 조금 나은 듯 느껴질 때는 어깨에 힘이 잔뜩 들어가고, 목이 아주 곧아집니다. 주어진 시간과 공간에 내가 주인이 되어 우쭐거리는 참 우스운 모습, 우리들의 모습입니다. 그런데 이런 우스운 모습이 거룩한 가지요, 참감람나무인 이스라엘이 이미 걸어온 길입니다. 그들의 역사 속에 아주 깊은 흔적을 남겨두었고, 뼈아픈 과거로 남아있습니다. 그들이 과연 무엇 때문에 넘어졌는지를…, 하나님 앞에서 높은 마음을 갖지 않는 것, 하나님의 인자하심에 머물러 있는 것, 이런 자세만이 우리가 살 수 있는 길입니다.

하루의 모든 스트레스와 피곤을 안고 잠자리에 듭니다. 나는 아무런 일도 하지 않았는데 눈을 뜨니 새로운 날이 우리에게 인사합니다. 아침의 신선한 공기도 여전하고, 태양도 낮을 주관하고 있습니다. 인생은 자연 속에서 숨을 쉬고, 자연은 푸르름과 화려한 꽃으로 인사합니다. 새들도 아름다운 소리를 냅니다. 하나님께서 지키시니 모든 것이 제자리에 있습니다. 그러니 위대하신 하나님 앞에서 어찌 인간이 머리를 들 수 있겠습니까. 그 존귀하신 사랑 앞에서 어찌 우쭐대며 나를 잊어버릴 수 있겠습니까.

:: 기도 나눔

하나님 아버지, 직분을 주시고 감당할 수 있는 능력을 부어 주시니, 세우신 자리에서 최선을 다하게 됩니다. 하나님의 놀라운 뜻, 그 일부를 감당하게 하시니 더욱 감사합니다. 모든 순간 하나님께 드리는 기도입니다, 주님, 제 속에 정한 마음을 창조하시고 정직한 영을 날마다 새롭게 하옵소서.

50. 11:25-32

다함이 없는 사랑

:: 말씀 나눔

하나님의 구원 계획이 완성되는 정점에는 이스라엘도 이방인도 충만한 수가 되어 영광의 자리에 있게 될 것이며, 함께 주를 찬양하게 될 것이다. 그러기까지 이스라엘은 그들의 자리에서 하나님의 뜻을 이루어 갈 것이며, 이방인도 그들의 자리에서 하나님의 뜻을 이루어 갈 것이다. 이런 모든 과정은 오직 하나님의 신비로운 방법이며, 누구도 그 앞에서 스스로 지혜 있다 확신할 수 없다.

하나님의 오늘은 이방인을 세우시고 그들을 통하여 영광을 받으신다. 이 일을 위하여 이스라엘이 더러는 우둔한 자가 되어 우리로 답답한 마음을 갖게 하지만, 하나님은 이미 온 인류에게 말씀으로 약속 하셨다. "여호와의 말씀이니라 구속자가 시온에 임하며 야곱의 자손 가운데에서 죄과를 떠나는 자에게 임하리라 여호와께서 이르시되 내가 그들과 세운 나의 언약이 이러하니 곧 네 위에 있는 나의 영과 네 입에 둔 나의 말이 이제부터 영원하도록 네 입에서와 네 후손의 입에서와 네 후손의 후손의 입에서 떠나지 아니하리라 하시니라 여호와의 말씀이니라"(사59:20-21, 렘31:33). 예수 그리스도의 죽음과 부활은 모든 이스라엘(야곱)이 구원을 얻는데 방해되는 장애물을 제거하셨다. 그들의 경건치 못함, 완악한 불신, 끝이 보이지 않는 교만도 그리스도께서 죽음으로 이겨내신 고통의 시간이 녹여주시고 품어 주셨다.

복음으로 하면, 즉 이스라엘이 그리스도를 거부한 결과에 의하면 그들은 하나님과 원수가 되었다. 그런데 이스라엘이 실패했다고 해서 모든 인류를 버리셨는가. 하나님은 이스라엘의 실패를 오히려 이방인과 화목을 이루는데 사용하셨고, 그들로 구원의 역사를 잇는 은혜의 자리를 허락하신다. 택하심으로 하면, 이스라엘은 그들의 조상 아브라함에게 하신 약속으로 사랑을 입은 자들이다. 그럼에도 불구하고 이스라엘의 오늘은 하나님을 떠나있지만 여전히 사랑 받는 백성으로 존재하고 있다. 이는 이방인이 하나님의 긍휼하심으로 부르심을 받은 것처럼, 주인을 떠난 이스라엘도 이제는 하나님의 긍휼하심으로 부르심을 받게 될 것을 의미한다. 이스라엘도 하나님께 순종하지 못했고, 이방인도 하나님께 순종하지 못했다. 우리의 마음을 주관하시는 하나님께서 우리 모두를 실패하는 자리에 내버려 두셨다. 하나님께서 이런 방법을 선택하신 이유는 무엇인가. 모든 사람은 오직 하나님의 긍휼만이 구원을 받을 수 있다는 것을 깨달아 알도록 하기 위해서다.

이스라엘의 실패가 이방인을 구하는 유일한 방법이 아니었고, 모두를 설득할 수 있는 아름다운 방법도 아니다. 그러나 하나님은 이스라엘의 실패를 책망하며 버리지 않으시고 오히려 선한 도구로 사용하신다. 하나님의 은사와 부르심에는 후회하심이 결코 있을 수 없다는 것을 우리로 알게 하신다.

:: 묵상 나눔

어제의 시간과 공간에 있었던 자연, 그 어떤 것도 변하지 않은 그대로의 오늘입니다. 태양도 어제의 태양이고, 불어오는 바람도 분명 어제의 바람이며, 호흡하고 있는 공기도 어제의 공기입니다. 우리가 걷고 있는 땅도, 인간이 닿을 수 없는 하늘도, 쉼 없이 흐르는 물도 어제의 시간 속에 있었으니 분명 새로운 작품은 아닙니다. 그러나 오늘이라는 새로운 시간 안에 존재하니 태양도 어제와는 다른 새로운 태양인 듯 느껴지고, 바람도 공기도 그러합니다. 새로운 날로 의미가 부여 된 것입니다.

하나님의 역사 안에 존재하는 은혜와 긍휼도 그러한 듯합니다. 어제의 태양이 오늘의 태양 되어 모든 생명으로 존재할 수 있게 하는 것처럼, 비록 실패한 어제의 시간이지만 어제의 하나님의 긍휼은 오늘 다시 새로운 의미가 되어 새날을 열어줍니다. 그리고 여전히 은혜 안에 머물도록 합니다. 하나님을 떠난 어제의 시간, 그 시간을 함께 했던 바람이 오늘도 여전히 불어와 땀을 식혀줍니다. 하나님의 사람으로 실패한 어제이기에 감히 머리를 들 수 없지만 어제의 바람이 오늘도 우리와 함께하는 것처럼 어제의 하나님의 신실하신 사랑이 오늘 새로운 날을 열게 하십니다. 하나님의 은혜가 태양이 되고, 바람이 되고 공기가 됩니다. 하나님의 긍휼하심이 걷는 땅이 되어주고, 맑고 파란 하늘이 되어 주며, 마르지 않는 물이 되어 흐릅니다.

반복 되는 일상, 하나님을 기쁘시게 하는 오늘은 아니지만 하나님의 은혜는 변하지 않는 사랑이 되어 새로운 오늘이 되게 하십니다. 부족한 우리이고, 오늘이지만 하나님의 은사와 부르심에는 후회하심이 없다는 것이 이런 것이겠지요. 하나님은 우리의 실패를 선한 도구가 되게 하실 것이니, 다함이 없는 은혜 앞에 그저 잠잠히 무릎으로 나아가는 우리의 오늘입니다.

:: 기도 나눔

하나님 아버지, 어제의 태양은 참으로 놀라운 하나님의 능력이었고, 그 태양 아래 서 있는 저는 참 부족한 하루였습니다. 푸른 하늘과 흐르는 물의 움직임은 참 아름다웠고, 저의 움직임은 연약했습니다. 그럼에도 후회하지 않으시는 하나님의 사랑, 그 사랑을 잊지 않는 오늘이 되게 하옵소서.

51. 11:33-36

그에게 영광이 세세에 있을지어다 아멘

:: 말씀 나눔

자비, 신실, 사랑, 용서, 영광.... 하나님은 신비로움을 계획하시고 창조와 예수님의 죽음으로 완성하신다. 하나님의 불가항력적인 사랑은 온 세상에 드리워진 어둠을 거두고, 인간 내면에 자리한 온갖 죄악이 눈처럼 희어지게 한다. 하나님의 사랑과 인간의 죄, 하나님의 불가항력적인 은혜와 인간의 처참한 삶의 자리는 결국 은혜의 연속선상에 놓여 있다. 창조와 구원을 이루어 가시는 하나님의 방법은 감히 측량할 수 없으며, 그저 신비일 뿐이다. 누구도 하나님의 판단을 헤아릴 수 있다 말할 수 없으며, 그의 길을 찾을 수 있다는 확언도 할 수 없다. 하나님의 풍성한 지혜와 지식은 말씀으로 세상이 있게 하셨고, 그리스도의 죽음을 눈감으셨으며, 부활의 영광을 높이 드셨다. 그 은혜로 하나님의 판단을 감히 헤아릴 수 없으나 알게 하셨고, 그 아름다운 길을 찾을 수 없으나 그 길을 찬양하게 하셨다.

하나님께서 땅의 기초를 놓으시고 그것의 도량법을 정하시며, 모퉁잇돌을 놓으실 때 새벽 별들이 기뻐 노래하며 하나님의 아들들이 다 기뻐 소리를 지른다. 하나님은 바다가 그 모태에서 터져 나오게 하시며, 바다에게 명하시기를 여기까지 오고 더는 넘어가지 못하리니 네 높은 파도가 여기서 그칠지니라 명령하신다. 인간은 바다의 샘에 들어갈 수 없으니 물길을 터 줄 수 없으며, 사람 없는 광야에 비를 내리게도 할 수 없다. 황무하고 황폐한 땅에 토지를 흡족하게 하는 비를 내릴 능력이 없으니 연한 풀이 돋아나게 할 수 없다. 하나님은 수탉에게 지혜를 주셨고, 사자의 식욕을 채우셨고, 허우적거리는 까마귀의 먹이를 마련하신다. 산 염소가 새끼 치는 때를 아시고, 몇 달 만에 만삭되는지, 그것들이 새끼를 어떻게 낳는지를 알고 계신다. 들소가 외양간에 머물게 하시고, 독수리가 공중 높은 곳에 보금자리를 만들게 하시며, 베헤못이나 리워야단까지도 존재하게 하신다. 그리고 아름다운 세상 위에 하나님의 형상을 따라 우리 인생을 만드시고 동행하신다. 그러니 존귀할 수 없으나 존귀한 우리다.

이스라엘은 더욱 은혜를 입어 모든 민족 중에 특별한 백성으로 선택을 받는다. 그러니 그 민족은 제사장 직분을 맡은 나라로서 하나님의 뜻을 따르는 신앙을 보여 주며, 그들에게 주어진 임무를 온전히 수행해야 했다. 그러나 제사장 직분을 감당하는데 실패 한다. 뿐만 아니라 복음도 받아들이지 못하고 거부한다. 그렇다고 하나님의 계획이 실패한 것일까. 하나님은 이방인이 주께로 돌아오게 하셨고, 이방인의 영광은 다시 이스라엘의 구원을 향하여 달려갈 것이다. 어제의 자연이 오늘 새로운 날 함께 하는 것처럼, 어제의 하나님의 신실하신 사랑은 오늘도 변함이 없이 우리의 시간과 함께 하신다. 그리하여 우리의 영광이요, 은혜가 된다.

:: 묵상 나눔

하나님은 아브라함에게 어떤 분이실까요. 그에게 하나님은 사랑하는 독자 이삭을 제물로 요구하실 때 잠잠히 순종하여 아들을 바치도록 하시는 분입니다. 그의 수없는 실패 속에서 하나님은 침묵하셨고, 기다리셨고, 마침내 승리하도록 하셨습니다. 평생을 전쟁 속에서 살아가는 다윗입니다. 그는 끊임없이 쫓기는 삶이었고, 빼앗기는 인생입니다. 하나님께서 그의 인생을 눈감으셨다면 그의 자랑스러운 명성과 화려한 왕관은 존재할 수 없었겠지요. 그러니 하나님은 그런 다윗에게 어떤 분이신가요. 여호와는 나의 목자시니 내게 부족함이 없으리로다… 내 평생에 선하심과 인자하심이 반드시 나를 따르리니 내가 여호와의 집에 영원히 살리로다 고백하도록 하시는 분입니다.

바울에게 있어 하나님은 어떤 분이실까요. 깊도다 하나님의 지혜와 지식의 풍성함이여… 만물이 주에게서 나오고 주로 말미암고 주에게로 돌아감이라 그에게 영광이 세세에 있을지어다 고백하게 하시는 분입니다. 나에게 하나님은 어떤 분인가… 생각해봅니다. 나의 하나님은 창조와 예수님의 죽음으로 존귀한 사랑을 주신 분입니다. 그러니 산천이 메마르고 목말라 해도 태양은 여전히 떠올라 뜨거운 열기를 내뿜게 하시는 분입니다. 온 대지와 식물에 지금 당장 필요한 것은 하늘로부터 시작되는 비인데 침묵하시는 분이십니다. 그렇게 타들어가는 자연을 보면서 그저 안타까워 애타는 마음인데 하나님은 잠잠하십니다. 그러나 고백하는 것 살아계신 하나님, 모든 것을 주관하시는 분이십니다. 그분의 섭리와 뜻을 모두 이해하지 못하는 오늘이지만, 그분의 사랑의 넓이와 길이와 높이와 깊이가 얼마나 위대하신지 인정하고 고백하게 하시는 분이십니다.

그렇다면 하나님께서 사랑하시는 당신에게 하나님은 어떤 분이십니까. 아름다운 답을 찾고, 고백하는 오늘이기를 바라봅니다.

:: 기도 나눔

하나님 아버지, 하나님의 지혜와 지식의 풍성함을 어찌 알아 고백할 수 있을까요. 주님의 마음을 어떻게 알며, 감히 모사가 될 수 있겠습니까. 그러나 고백하는 것 만물이 주에게서 나오고 주로 말미암았으며 주에게로 돌아간다는 것입니다. 그러니 오직 하나님의 주권 앞에만 무릎 꿇게 하옵소서.

52. 12:1-2

하나님의 모든 자비하심

:: 말씀 나눔

하나님의 모든 자비하심은..., 온 인류를 향한 하나님의 목적이었고, 그 목적은 참으로 위대했다. 그러나 인류는 바람에 나는 겨와 같이 하나님과 멀어져만 간다. 누구도 죄악의 그늘을 알지 못하고, 누구도 해결할 수 없으며, 회복할 수도 없다. 오직 모두의 멸망만 있을 뿐이다. 하나님을 떠난 세상이라고 해서 하나님도 세상을 버리셨는가. 하나님의 깊은 지혜와 지식의 풍성함은 포기가 아닌 희망이 되어 세상에 개입하신다. 하나님의 방법은 실패한 인류가 그리스도 위에 새로운 역사를 시작할 수 있도록 하신 것이다. 하나님께서 구원이란 무엇인지..., 그 구원은 어떻게 이루어지는지..., 알게 하셨고, 모든 인류로 새로운 여행을 시작하게 하신 것이다. 시간을 승리하시고, 공간을 이기신 그리스도는 우리들도 동일하게 시간을 이기며 공간을 승리하게 하신다. 새로운 여행은 세상에 속화되지 않으며, 그렇다고 세상을 이탈하는 것도 아니다. 오히려 하나님의 뜻을 분별하며, 그의 뜻을 세상에서 이루는 것이다.

이스라엘은 분명 율법 안에 있었고, 율법 아래서 살아가는 민족이었다. 그런데 율법과 육체적 할례 의식이 정해 놓은 틀은 그들에게 행위를 요구했고, 온 힘을 다하여 요구하는 그 행위를 실천한다. 율법 위에서 최선을 다하는 삶은 어떤 결과를 가지고 왔는가. 오히려 이스라엘의 오늘은 불신앙이 되었고, 영적으로 무너져버린 시간이다. 그러나 그리스도 위에서 시작된 역사는 어떠한가. 그리스도 위에서 시작된 역사는 성령께서 함께 하시는 은혜로운 여행의 시작이다. 은혜가 하나님과 이어지도록 하고, 성령님은 능력의 삶을 살아내도록 하신다. 인생은 은혜를 놓으려하지만 하나님은 절대 포기하지 않으신다.

하나님의 모든 자비하심..., 그 위대하신 역사는 우리로 마음을 새롭게 하는 새로운 여행, 즉 아름다운 여행을 시작하게 하신다. 인류는 스스로 하나님이 기뻐하시는 거룩한 산 제물로 드릴 수 없다. 그러나 아름다운 여행은 성령님의 임재 안에 우리를 서게 한다. 그러니 하나님 앞에서 거룩한 산 제물이 되는 영광이 된다. 아름다운 여행은 하나님을 떠난 세대를 따르지 않도록 도우신다. 성령님의 임재 가운데 서 있기에 하나님의 선하심, 하나님의 기뻐하심, 하나님의 온전하심..., 그 뜻이 무엇인지 분별하게 하신다. 하나님의 선하심은 곧 하나님의 뜻이 되는 방향이다.

하나님의 뜻은 어떠한 시간과 상황 속에 놓여있어도 그 상황의 주인은 하나님이신 것을 고백하는 것이다. 하나님의 선하심을 알 수 없고, 기뻐하심이 될 수 없으며, 하나님의 온전하신 뜻을 이룰 수 없는 우리다. 우리 안에 있는 죄악은 무엇도 분별할 수 없게 했다. 그러나 마음을 새롭게 하시는 성령님은 자비하심 안에서 하나님의 선하시고, 기뻐하시고 온전하신 뜻을 알게 하신다. 그리고 그런 삶을 위한 오늘이 되도록 우리 안에 머무르신다.

:: 묵상 나눔

어제 밤부터 내리기 시작한 비가 땅위에 존재하는 생명을 향하여 멈추지 않습니다. 자연이 너무나 목말라 했던 터라 모든 생명을 기쁘게 하는 비가 되었습니다. 그동안 내리지 않아 자연이 힘겨워 했기에 조금 늦은 듯 생각되지만 그저 고마운 비입니다. 늦은 듯 생각하는 비인데, 하나님의 시간은 오늘의 비가 가장 적절하다 생각하셨겠지요. 그러니 때를 따라 허락하신 오늘의 이 비는 자연을 더욱 푸르게 할 것이고, 귀한 열매들을 맺히도록 도울 것입니다. 늦은 것 같지만 늦지 않는 하나님의 방법입니다.

하나님의 모든 자비하심은 지금 내리고 있는 단비와 같습니다. 우리의 인생이 푸르른 나무처럼 변할 수 있는 것도, 하나님의 역사를 잇는 귀한 열매가 될 수 있는 것도 그의 자비하신 은혜가 함께 하기에 가능합니다. 때로는 너무 늦은 것이 아닐까 생각하고, 왜 그러실까 고민하지만, 그 또한 인간의 생각이 가지는 한계일 뿐입니다. 하나님은 분명 주의 은혜의 꽃을 피울 수 있도록 우리를 도우십니다. 하나님의 때에....,

꽃을 피우기 위한 과정이 만만하지 않으니 우리의 생각은 절망이고, 포기입니다. 그러나 하나님은 우리의 하나님이 되시는 것을 포기하지 않으십니다. 우리의 하나님이 되셔서 존재하는 우리에게 아름다운 찬양이 되게 하십니다. 그렇게 하시기 위하여 하나님은 당신의 선하시고 기뻐하시고 온전하신 뜻을 주셨고, 분별하게 하셨고, 한걸음 나아가게 하셨습니다. 우리의 할 일은 우리의 시대를 살아내는 것이고, 오늘의 현실을 이겨내는 것입니다. 하나님의 자비하심은 분명 우리의 시대를 살아가게 하실 것이고, 오늘의 현실을 이겨내도록 도우실 것입니다. 이 시간 대지를 적시고 있는 비처럼 가장 적절한 방법으로 우리의 시간과 공간을 채우실 것입니다. 하나님은 오늘 우리의 가치를 무엇과도 바꿀 수 없도록 하십니다.

:: 기도 나눔

하나님 아버지, 우리의 마음이 새로워지게 하시어 거룩한 산 제물이 되고, 영적 예배자가 되는 은혜를 주셔서 감사합니다. 존귀한 자가 되게 하였사오니, 이제는 하나님의 선하시고 기뻐하시고 온전하신 뜻이 되도록 도와주옵소서. 주님, 세상 한가운데서 주님 은혜의 꽃을 피울 수 있도록 하옵소서.

53. 12:3-8

마땅히 생각할 것

:: 말씀 나눔

하나님이 기뻐하시는 거룩한 산 제물과 맞닿아 있는 하나님의 자비하심이다. 하나님을 떠나버린 세대를 본받지 않을 수 있는 것도, 하나님의 선하시고 기뻐하시고 온전하신 뜻을 분별할 수 있는 은혜도 하나님의 자비하심과 연장선상에 놓여있다. 하나님의 자비는 우리로 마땅히 생각할 그 이상의 생각을 품지 않게 하시며, 믿음의 분량대로 지혜롭게 생각할 수 있도록 도우신다. 마땅히 생각할 그 이상의 것을 생각하지 않는 것은, 하나님과 하나님의 역사에 대한 온전한 신뢰 속에서만 가능하다. 하나님의 역사를 신뢰하지 않는다면 우리의 생각은 주변을 판단하게 되고, 상황을 불평하며 비판하게 된다. 하나님을 신뢰할 때에 나의 유익을 멀리할 수 있으며, 연약한 사람을 존중할 수 있고, 나의 본분을 지켜 겸손한 마음을 잃지 않을 수 있다.

그리스도 안에서 우리는, 나를 돌아보고, 맑은 정신과 겸비한 마음의 자세를 잃지 않으려고 다짐하며 온 마음을 다한다. 우리의 생각은 언제나 다른 사람을 판단하고 정죄하는 일에 분주하다. 우리의 입술은 자신을 보호하기 위하여 최선을 다하지만 타인의 일상에는 냉정하리만큼 무관심하고, 우리의 눈은 비교 속에서 인생의 답을 찾으라 말하기도 한다. 그러니 마땅히 생각할 그 이상의 생각을 품지 않을 때 우리는 하나님의 영광을 위한 오늘을 살아갈 수 있게 된다.

마땅히 생각할 그 이상의 생각을 품지 않고 믿음의 분량대로 지혜롭게 생각하라. 오늘을 살아가는 우리에게 주문한다. 우리는 한 몸에 여러 지체를 가지고 있다. 내 몸에 다리가 있어 걸을 수 있고, 손이 있으니 필요한 물건을 들어 사용할 수 있다. 눈을 주셨으니 자연을 보게 되고, 코를 주셨으니 호흡하며 냄새를 맡아 구별하게 된다. 숨을 내쉬며 잠시 쉬어도 간다. 입을 주셨으니 음식을 섭취하여 생명을 유지할 수 있고, 언어를 통하여 다른 생명이 존재할 수 있도록 돕는다. 들을 수 있는 귀를 주셨으니 아름다운 소리를 들을 수 있으며, 동시에 아름다운 소리로 힘겨운 이들의 마음을 위로할 수 있다. 한 몸에 있는 여러 지체가 한 인격체로서의 나를 존재하게 한다. 그러니 우리 인생이 마땅히 생각할 것은 내 안에 교만이 아니요, 배려해야하는 마음가짐뿐이다. 우리의 주인이 되시는 그리스도 안에서...

교회는 그리스도의 몸이다. 하나님은 그리스도의 몸이신 교회를 위하여 인간에게 예언을 하게 하셨고, 섬기고자 하는 마음을 주셨으며, 가르치는 자로 세우셨다. 위로하는 자가 있게 하셨고, 구제하는 성실한 마음을 품게 하셨으며, 즐거운 마음으로 긍휼을 베푸는 삶이 되게 하셨다. 하나님께서 주님의 몸된 교회를 위하여 우리에게 주신 마음이다. 하나님께서 다른 이들을 위해 사용하기를 바라시며 허락해 주신 은혜다.

:: 묵상 나눔

나의 마음이 느끼고 있는 오늘의 상황이 정말 현실인가... 하는 의문이 들 정도로 힘겨운 상황이 펼쳐집니다. 이미 찾아와 나의 일상을 어둠으로 덮어버린 고통이지만 주어진 상황을 받아들이고 이겨내는 것이 말처럼 쉽지 않습니다. 평안할 때는 한 몸이요, 한 지체였지만 고통 앞에서는 나의 생각도, 눈도, 코도, 입도, 귀도, 손도, 발도... 그 어떤 지체도 다른 지체를 배려하지 않습니다. 그러니 생각과 손이 분리가 되어 생각하는 대로 손이 움직여 주지 않습니다. 눈과 다리가 하나되지 못하니 눈은 목적지를 향하여 걷고자 하지만 다리는 전혀 반응을 하지 않습니다. 무엇도 감당할 수 없는 상황입니다. 걸을 수 있는 지체가 있어도 걸을 수 없고, 볼 수 있는 지체가 있어도 전혀 의미가 없습니다. 마땅히 생각할 그 이상의 생각을 품지 않는 것은 무엇일까요. 여러 가지로 해석할 수 있지만... 하나님 앞에서 '나'라고 하는 존재를 인정하는 것입니다. 그리스도 안에서 '나'를 넘어서지 않는 것입니다.

하나님 앞에서 '나'를 인정하는 것은 하나님의 은혜가 아니면 한걸음도 나갈 수 없다는 것을 인정하는 것이고, 그리스도 안에서 '나'를 인정하는 것은 무엇도 예수님의 보혈보다 아름다울 수 없다는 것을 인정하는 것입니다. 하나님의 은혜 앞에서 나를 알아 예언의 은사를 받았다면 그 은사로, 섬기는 은사를 받았다면 그 은사로, 가르치는 은사를 받았다면 그 은사로, 위로하는 은사를 받았다면 그 은사로 연약한 이들을 배려하면 좋겠습니다. 그리스도 안에서 나를 알아 구제하는 은사를 받았다면 그 은사로, 다스리는 자는 그 위치에서, 긍휼을 베푸는 은사를 받았다면 그 은사를 가지고 그렇지 못한 이들을 배려하면 좋겠습니다. 내가 없어도 공동체는 존재할 수 있지만, 배려가 없으면 모두를 아프게 합니다.

:: 기도 나눔

하나님 아버지, 하나님께서 주신 은사는 참 소중하고 귀한 은혜입니다. 그러나 그 은사는 나를 위한 은사가 아니요, 주님의 몸 된 교회를 위한 은사이지요. 그러니 연약한 이들을 배려하는 은사가 되게 하옵소서. 은사를 주신 하나님의 뜻을 따라 아름다운 도구로 사용하도록 도와주시옵소서.

54. 12:9-21

선으로 악을 이기라

:: 말씀 나눔

인생에는 동전의 양면과 같이 선과 악이라는 두 갈래의 길이 맞물려 있다. 선은 하나님의 길이면서 동시에 하나님께서 우리에게 기대하시는 길이다. 선에는 생명을 잇는 사랑이 있는데, 이 사랑은 신실하신 하나님으로부터 시작되었기에 거짓이 있을 수 없다. 거짓이 없는 사랑은 나를 비우고, 비워진 그 자리에는 형제를 향한 긍휼로 채워진다. 누군가의 도움이 없으면 내일을 기약할 수 없는 연약한 자를 향하게 하시니 아름다운 공동체가 되게 한다. 하나님을 사랑하기에 부지런하고, 존경하기를 먼저하며 우애하여 빈자리가 보이지 않도록 한다. 뿐만 아니라 주님의 몸 된 교회를 위하여 성령('열심'이라는 말의 헬라어에는 '영' 또는 '성령'이라는 의미가 있음) 안에서 열정을 품고 믿음의 분량대로 최선을 다하게 된다.

성령과 더불어 기도하기에 소망 중에 오히려 즐거워하며, 환난 가운데서도 낙망하지 않는다. 성령 안에서 드리는 기도는 하나님의 모든 자비하심이 삶의 자리에서 그대로의 빛을 발할 수 있도록 한다. 인생으로는 연약한 자들의 쓸 것을 공급할 수 없으며, 외인을 향하여 덕을 베풀 수 없지만 선을 향하도록 돕는 성령의 인도는 하나님께서 원하시는 사랑의 힘을 가감 없이 드러나도록 한다.

하나님의 모든 자비하심, 성령 안에서 드리는 기도, 그리고 예수 그리스도의 길은 우리로 모든 것을 가능하게 하신다. 하나님의 놀라운 신비는 우리에게 박해하는 자를 저주하지 않고 오히려 축복하도록 한다. 즐거워하는 자들과 함께

기쁜 마음으로 즐거워하고, 슬픔가운데서 울고 있는 자들과 함께 울게 하신다. 서로 한마음이 되게 하시고, 교만한 마음을 품지 않고 연약한 자들에게 유익을 끼치게 하신다. 스스로 지혜가 있는 것처럼 행동하지 않도록 하신다. 누구에게도 악을 악으로 갚지 않고, 모든 사람이 선하다고 인정하는 일을 하기 위해 힘을 다하게 하신다. 주님의 몸 된 교회를 위하여 모든 사람과 더불어 화목하고자 하고, 원수에게까지 사랑의 손을 내밀어 음식을 먹고 물을 마시도록 돕는 자가 된다. 하나님의 진노는 불의를 방관하지 않으시고 친히 갚으실 것이다.

이렇게 하나님의 뜻이 되고자 힘쓰는 오늘인데, 분명 원하지 않는 상황을 만나게 될 것이다. 그로 인해 용서할 수 없는 미움이 가득하겠지만, 악에게 지지 말고 선으로 악을 이기라 말씀하신다.

예수님의 오늘은 어제와는 사뭇 다른 시간이고 공간이다. 예수님께 모든 희망을 걸었던 무리들인데 그들의 오늘은 예수님을 향하여 야유와 아우성을 보내고 있다. 온갖 비난과 희롱이 있고, 비방으로 가득하기만 한 공기다. 그럼에도 예수님은 모든 상황에서 침묵하신다. 예수님의 고통을 받으신 하나님은 빛을 감추어버리고, 성소의 휘장 한가운데를 찢어 구원을 선포하신다. 모든 상황을 지켜본 백부장은 하나님께 영광을 돌려 "이 사람은 정녕 의인이었다" 고백하고, 무리들은 가슴을 치며 돌아간다.

:: 묵상 나눔

하나님의 위대하신 능력은 애굽의 왕 바로를 뒤로하고 약속의 땅 가나안을 향하여 나아가도록 합니다. 아이들의 소리는 피로를 씻어주는 합성이고, 노인들의 발걸음은 어느 때보다도 힘이 있습니다. 그런데 바로의 군대가 이스라엘 백성을 향하여 달려오는 뜻밖의 상황이 이스라엘 백성의 길을 막아섭니다. 바로의 마병과 병거 소리가 순식간에 찬양과 감사를 빼앗아 갑니다. 두려워하는 이스라엘 백성의 불평과 불안한 마음은 모세를 향하여 쏟아집니다. 그러나 모세는 흔들리지 않고 외칩니다. "여호와께서 너희를 위하여 싸우시리니 너희는 가만히 있을지니라"

하나님의 선택된 자녀로서 누릴 수 있는 특권을 선포하는 모세입니다. 모세가 가지고 있는 능력으로는 바다를 가를 수 없지만 하나님의 능력이 선포되니, 일렁이는 물결이 멈추고 길을 내어주고 있습니다. 하나님께서 주신 특권이 불가능을 가능하게 합니다.

하나님께서 우리에게 요구하시는 것은 조건이 없는 사랑을 베푸는 것입니다. 누구에게나 악을 악으로 갚지 않고 선한 일을 도모하는 것입니다. 나에게 있는 것을 나누어 주고, 도움이 필요한 이들에게 힘을 주는 일, 박해하는 사람에게 보복하지 않고 축복하는 마음, 악을 악으로 갚지 않는 일상을 요구하십니다. 쉽지 않습니다.

그러나 하나님께서 주신 특권은 성령 안에서 그런 삶이 되도록 도우십니다. 하나님의 임재는 기도하는 우리로 지혜롭게 하셔서 상황을 이겨낼 수 있는 은혜를 주십니다. 하나님을 위해 큰 그림을 그리겠다며 힘겨워하지 않았으면 좋겠습니다. 그저 소소한 풍경이나 작은 이야기를 가지고 있으면 좋겠습니다.

더불어 화목하기 위해 행복을 한아름 안고 있으면 좋겠습니다. 그래서 악을 선으로 이기는 오늘이 되고, 모두에게 평안을 주는 오늘이 될 수 있기를 소망해봅니다.

:: 기도 나눔

하나님 아버지, 제가 가진 조건 중에서 하나님의 영광이 될 수 있는 것이 무엇일까요. 선한 일을 도모하지도 못하고, 악을 선으로 갚을 수 있는 능력도 없습니다. 모든 사람과 더불어 화목하게 하는 넉넉함도 없습니다, 그저 기도하오니 오늘보다 나은 내일이 되도록 지혜를 더하여 주옵소서.

55. 13:1-7

하나님께서 정하신 권세

:: 말씀 나눔

그리스도인이 주님의 몸 된 교회를 위하여 교회 공동체를 사랑하고 선한 일을 도모하는데 힘쓸 것을 권면하였다면, 이제는 교회 공동체를 넘어서서 세속의 통치자들에 대한 그리스도인의 요구를 권면한다. 먼저 '각 사람' 즉 '모든 영혼'은 권세들에게 복종할 것을 말한다. 이는 형식적인 복종이 아니고, 마음으로부터 우러나오는 복종을 말하는 것이다. 모든 권세는 하나님으로부터 난 것이고, 그러한 모든 권세는 하나님께서 정하신 것이기 때문이다. 이는 하나님만이 모든 역사의 주권자라는 이해 속에서 출발하는 것이며, 이것이 진정 하나님을 알고 인정하는 자의 바른 자세이기 때문이다.

예수님은 빌라도 앞에 서 있다. 빌라도는 죄인의 신분으로 서 있는 예수님께 질문하지만 예수님은 침묵으로 일관하신다. 그러자 빌라도는 "내가 너를 놓을 권한도 있고 십자가에 못 박을 권한도 있는 줄 알지 못하느냐"는 말로 예수님의 목숨을 좌지우지 할 수 있다는 것을 잊지 않으시도록 한다. 그러자 예수님은 "위에서 주지 아니하셨더라면 나를 해할 권한이 없었으리니"(요19:11) 말씀하신다. 빌라도의 권세는 하나님께서 주신 것이기 때문에 예수님은 빌라도에게 복종하는 것이 아니요, 하나님의 권세에 복종하는 것이다. 그러므로 위에 있는 권세, 세상의 권세를 거스르는 것은 곧 하나님의 명령을 따르지 않는 것이다.

위에 있는 권세들, 즉 다스리는 자들은 선한 일을 하는 자들에게는 포상을 하여 모든 이들이 선한 일을 도모하도록 동기를 부여해야 한다. 이와는 다르게 악한 일을 하는 자들에게는 그에 맞는 징벌을 받게 함으로 악이 성행하지 못하도록 힘을 써야 한다. 하나님은 사회적 질서를 이루기 위하여 권세들을 세우셨고, 그들에게 복종하기를 말씀하신다. 그리고 하나님께서 세우신 권세를 두려워할 것을 요구하신다. 그리스도인은 세상의 질서 위에 놓여 있으며, 동시에 질서를 위해 세워진 권세가 다스리는 세상 속에서 살아간다. 그리스도인이 세상의 권세를 두려워하는 것은 이유 없는 복종이 아니고, 세상 권력에 대한 두려움도 아니다. 그들을 세운 하나님의 주권을 인정하는 것이기에 복종하는 것이고, 그의 통치를 경외하기 때문에 그러하다.

하나님의 주권은 성과 속에 따라 제한되는 것이 아니다. 그러니 교회의 지도자들이 하나님의 사역자이듯 세상의 권세들도 동일하게 하나님의 사역자이다. 그들은 존재하는 모든 인류의 선을 위하여 존재한다. 권세들이 선을 권장하지 않고 오히려 악을 조장하는 현실을 만날 수도 있다. 그럼에도 복종을 요구하는 것은 하나님께서 권세를 가지고 있는 자들의 잘못을 용인하고 계시기 때문이다. 그리스도인이 조세를 마땅히 바쳐야 하는 이유가 여기에 있고, 세금을 징수하는 이들까지도 하나님의 일꾼이기 때문에 잠잠히 복종하는 것이다.

:: 묵상 나눔

기독교의 출발점이 되는 예수님의 죽음은 당시 시대를 지배하는 로마의 권력에 저항하지 않습니다. 더 놀라운 역사가 되도록 하시기 위하여 하나님의 시간이 잠시 숨을 고르는 은혜의 시간입니다. 예수님께서 어머니 마리아의 품에 안기던 시간으로 거슬러 올라가봅니다. 그때도 역시 무자비한 힘과 권력이 난무하기만 한 현실입니다. 선을 선하다 말하고, 악을 악하다 말해야하는 권세들이 오히려 그들이 가지고 있는 힘을 이용하여 선과 악을 뒤바꾸어 놓습니다. 다스리는 자들로부터 보호를 받아야할 연약한 이들은 이방인이 되고, 힘이 없다는 이유로 그들이 누릴 수 있는 평범한 일상을 빼앗겨버립니다. 절대적인 힘이 간섭하지 않고는 결코 변할 수 없는 암울한 세상입니다.

그런데 하나님은 예수님을 이 땅에 보내실 때 무엇도 새롭게 바꾸지 않으십니다. 세상의 권세도 그대로이고, 악도 여전히 힘을 다하고 있으며, 부정이 난무합니다. 하루살이와 같은 삶을 살아가는 인생들도 여전히 여기저기에 흩어져 고달픈 하루를 살아갑니다. 예수님은 어떤 힘도 없는 것처럼 이렇게 아픈 현실을 있는 그대로 안고 조용히 찾아오십니다. 하나님께서 세우신 권세이기 때문이며, 이것이 하나님의 방법입니다. 세상의 어떤 권력도 하나님을 떠나 존재할 수 없습니다. 아무리 보잘 것 없는 권력이라 해도, 각종 세금을 징수하는 사람까지도 하나님께서 허락하시고 세우신 것입니다. 참새 한 마리도 하나님의 허락이 없으면 땅에 떨어지지 않는 것을 마음으로 믿어 세상의 권세에 복종하는 우리가 되었으면 좋겠습니다. 우리의 머리털까지도 세신 바 되시는 하나님의 사랑을 의지하며 세상의 권력에 복종하십시다. 하나님의 뜻을 이루기 위해 우리들이 할 일은 두려워할 자를 두려워하고 존경할 자를 존경하는 것입니다.

:: 기도 나눔

하나님 아버지, 세상의 권세가 비록 정당하지 못해도 불평하거나 비난하지 않게 하옵소서. 다스리는 자의 판단이 정직한자에게 올무가 되는 듯 하고, 약한 자를 압제하는 듯 흘러가도 하나님의 뜻을 방해할 수 없음을 잊지 않게 하옵소서. 하나님의 선하신 뜻을 위하여 다만 기도하게 하옵소서.

56. 13:8-14

사랑의 빚 외에는

:: 말씀 나눔

하나님을 기준으로 했던 인류의 일상은 감정을 건드린 사단의 유혹에 넘어지게 된다. 인간이 가진 감정으로 행복했으나, 그 감정으로 이제는 하나님 중심에서 나를 중심으로 변하게 한다. 내가 중심이 되니 심지어 이웃을 사랑하는 것에도 나를 기준으로 한다. 율법으로는 구원을 얻을 수 없는 우리였고, 오직 은혜만이 우리의 삶을 자유하도록 했으나 그 자유가 나를 위한 자유가 된다. "피차 사랑의 빚 외에는 아무에게든지 아무 빚도 지지 말라 남을 사랑하는 자는 율법을 다 이루었느니라"

사랑의 빚 외에는 아무에게도 아무 빚도 지지 않는 삶, 내 자신보다 남을 더 사랑하는 삶. 하나님께서 우리에게 먼저 보여주셨고, 이제는 우리에게 기대하시는 삶이다. 그런데 어떤 사람은 너무나 강하기 때문에 싫고, 어떤 사람은 반대로 약해서 싫다. 누구는 부자라 가까이 하고 싶지 않고, 누구는 가난해서 마음이 가지 않는다. 어떤 이의 사고방식은 나의 생각과 너무나 동떨어지기 때문에 마음이 그를 거부하고, 어떤 이는 배려심이 전혀 없어 가까이 하고 싶지 않다. 있는 그대로를 사랑하는 것이 그리 쉽지 않다.

사랑은 율법의 완성이다. 율법의 완성이 되는 사랑은 이웃을 내 자신과 같이 사랑하는 것이고, 이웃은 곧 내 자신과 같은 존재이기에 악을 행하지 않으려 한다. 인생은 누구도 자신 스스로를 고통이나 아픔 속으로 몰아가지 않는다. 인간은 스스로를 지키고 보호하기 위해 모든 방법을 동원하고자 한다. 그런 우리에게 하나님께서는 이미 이웃을 네 자신과 같이 사랑하라 하셨다. 그리고 예수님은 그 사랑을 친히 보여주셨다. 고난의 한복판에 계시는 예수님의 십자가 앞에 내 자신이 서있다. 나를 힘겹게 하는 이들도, 내가 힘겹게 하는 이들도 모두...., 주님의 십자가 앞에서 나와 모두의 시간을 돌아보도록 한다.

구원의 완성을 향하여 가는 길에는 늘 새로운 것처럼 느껴지는 장애물이 끊임없이 나타나 우리의 정신을 혼미하게 한다. 밤과 낮이 순환하는 것처럼 내 마음에 밤과 낮이 함께 공존하여 나의 마음을 뒤집어버린다. 빛의 길에 서 있다고 생각했는데 어느새 어둠의 길에서 허우적대고 있는 나를 발견한다. 참 아픈 현실이다.

깰 때가 벌써 되었으나 아직 깨어나지 못한 우리의 시간이 낮의 시간을 향하여 한걸음 걸어가야 한다. 우리의 구원이 가까웠기 때문에 이제는 어둠의 일을 벗고 빛의 갑옷을 입어야한다. 낮에와 같이 단정해야 한다. 밤과 낮이 결코 하나가 되지 못하듯 육신의 소욕과 성령의 소욕도 하나가 될 수 없다. 우리의 모든 시간은 육신의 일과 성령의 일 앞에 항상 서있다. 우리가 해야할 일은 이런 두 갈래의 길 중...., 오직 한 길을 선택해야 한다. 호흡이 멈추고 나의 피가 식어지는 그 순간까지....

:: 묵상 나눔

하나님을 중심으로 살아가는 일상은 행복 그 자체입니다. 하나님과 함께 하는 일상 안에는 따뜻함이 녹아 있으니까요. 하나님께서 우리에게 주신 감정을 통하여 사랑을 느끼고, 많은 것들을 경험합니다. 그런데 이 감정이 하나님이 아닌 나를 중심으로 하여 일렁입니다. 내가 중심이 되어 감정이 나를 주장하니, 곧 사람을 판단하고, 비판을 하게 합니다. 누군가의 강함도, 부함도 싫습니다. 배려하지 않는 사람 앞에서는 나도 똑같이 대하고 싶고, 이해와 용납이 넉넉하지 못해 머릿속에는 미움이 가득합니다. 그런데 생각해봅니다. 강한 사람도 감정이 있으니 외로움을 느낄 것이고, 고통 속에서 스스로를 발견하는 인생인 것을... 부한 사람도 감정이 있으니 절망 가운데 자신을 가두고, 때로는 아픔을 이기지 못한다는 것을..., 배려를 하지 못하는 인생도 감정을 가지고 있으니 때로는 밀물과 썰물처럼 주어진 상황들 속에서 스스로를 발견한다는 것을...,

감정은 권력 앞에서도 살아 있고, 명예 앞에서도 눈물을 흘립니다. 누구도 감당할 수 없는 성취를 맛보았다고 해도, 그들 역시 어둠이 다스리는 세상 속에서 슬픔이나 외로운 마음에 노출됩니다. 감정을 가진 인간이기에. 가진 자들뿐만 아니라 가난하고 힘이 없고 병약한 자들도 세상 한복판에 홀로 힘겹게 서 있네요. 세상의 악이 오늘을 살아가는 인생 모두를 무자비한 상황 속에 가두어버린 까닭입니다. 그러니 오늘을 살아가는 모든 인생은 살아가는 것 자체로 지쳐 있고, 진정한 사랑에 목말라 합니다. 가진 자든, 가지지 못한 자든, 모두는 따뜻하고 포근한 사랑 속에서 쉼을 얻고자 합니다. 나에게 있는 아픔이 얼마나 나를 외롭게 하는지 경험하며 살아가는 우리입니다. 오늘의 시간에 존재하고..., 오늘의 공간에 서 있는 모든 인생은 지금 사랑이 필요합니다. 그러니 사랑의 빛 외에는 지지 않는 오늘이기를 소망해봅니다.

:: 기도 나눔

하나님 아버지, 하나님께서 심어두신 감정이 하나님을 향할 때는 중요하고 소중한 일들을 하게 합니다. 그런데 그 감정이 나를 중심으로 하니 사랑하지 못하고, 마음이 단정하지 못하도록 합니다. 하나님, 제 마음이 부족한 저를 향하지 않고 하나님을 향하게 하셔서 사랑의 빛 외에는 지지 않게 하옵소서.

57. 14:1-12

하나님이 그를 받으셨음이라

:: 말씀 나눔

구원으로 나아가는 시선은 오직 믿음이다. 믿음은 우리로 하나님의 은혜를 기억하게 하고, 하나님이 기뻐하시는 삶은 어떤 모습일까 고민하게 한다. 그러니 하나님의 은혜는 곧 하나님을 기쁘시게 하는 삶과 연속선상에 있게 한다. 하나님이 기뻐하시는 삶을 살고자 하는 그리스도인 중 일부는 시장에 나와 있는 고기를 먹지 않았다. 시장에 나와 있는 고기는 우상의 제물로 사용 되었던 고기를 판매했기 때문이다. 그러니 고기를 먹지 않는 그리스도인이 있었고, 오히려 그리스도인이기에 고기를 먹는 사람이 있다. 고기를 먹는 것에 자유 할 수 있는 것은 하나님 외에 어떤 신도 존재하지 않으며, 모든 만물은 주께로부터 시작되었기 때문이다.

분명 우상은 존재하지 않는다. 그러나 교회 공동체는 다양성을 가지고 있으니 고기를 먹는 자는 먹지 않는 자를 향하여 업신여기지 말며, 먹지 않는 사람은 먹는 자를 비판하지 않아야 한다. 크신 하나님은 우리가 어떤 선택을 하든 그 선택을 존중해 주시며 받아주신다. 남의 하인을 비판하는 권한은 오직 그 주인에게만 있는 것처럼, 생명이 있어 살아가는 모든 사람의 주인은 하나님이시니 누구도 하나님의 자녀를 판단할 권한이 없다. 오직 하나님께만 있다.

천지를 창조하시며 만드신 모든 일을 마치신 하나님의 안식, 그리고 십계명을 통하여 인간에게 명령하신 안식일. 유대인과 안식일은 결코 분리하여 생각할 수 없는 불가분의 관계에 있다. 하나님께서 먼저 안식하셨으며, 선민에게 기억하여 지키라 명령하신 성일이기 때문이다. 유대인이 안식일을 지키는 것은 그들의 민족 정체성의 표지가 되었으며, 경건한 삶을 결정짓는 것으로 인식하였다.

이와는 다르게 그리스도인에게 있어 주일은 안식일의 상징성을 예수님께 두는 것이고, 예수님께서 부활로 완성하셨다는 것을 기념하는 것에 기인한다. 그러니 안식일이 아닌 예수님의 부활을 기념하여 주일로 지키는 것이 당연한 결과였다. 좀처럼 입장을 좁히지 못하는 안식일과 주일이다. 그리스도인은 누구도 자신을 위하여 오늘을 살지 않고, 죽음까지도 주님을 위한 과정이다. 사나 죽으나 주님을 위한 것임을 잊지 않고, 어떤 날을 취하든 자신의 입장에 대한 확신을 가지고 소신 있게 행동 할 것을 말한다.

주를 위하여 존재하는 우리는 함께 '주의 것'으로 살아가는 형제를 비판하거나 업신여겨서는 안 된다. 우리는 모두 하나님의 심판대 앞에 서서 심판을 받아야 하는 자들일 뿐이다. 우리 모든 인생은 현실을 뒤로하는 마지막날이 있다. 그 시간이 되면 모두는 스스로를 변호하기 위해 하나님의 심판대 앞에 서게 될 것이다. 그 때가 되면 우리는 모두 지나온 인생의 모든 날들을 빠짐없이 직고해야 한다. 하나님 앞에서....

:: 묵상 나눔

주님이 함께 하시는 오늘이고, 우리입니다. 주님이 오늘, 우리들의 시간과 공간 속에 함께 하신다는 것은 무엇을 의미할까요. 우리 한명 한명의 발걸음에 맞추어 함께 걸어주시는 것입니다. 어떤 사람은 걸음이 참 빠릅니다. 너무 빨라서 누구도 그와는 함께 걸을 수 없습니다. 그런데 주님은 그의 걸음 속도에 발을 맞추어 함께 걸어주십니다. 어떤 사람의 걸음은 참 여유가 있습니다. 누구도 그의 여유로운 속도에 발을 맞추어 줄 수 없는데, 그의 오른편에 주님이 함께 걷고 계십니다. 주님이 함께 걸어 주시니 급하기만 한 사람도, 마냥 여유로운 사람도 그들의 속도 안에서 저마다 멋진 인생을 살아갑니다.

주님이 우리 한명 한명의 속도에 맞추어 함께 걸어주시는 것은 단지 움직임에만 끝나는 것일까요. 아니지요. 우리의 마음속 생각과도 함께 하십니다. 우리는 저마다 자기의 성격이 있고, 추구하는 방향 또한 동일하지 않습니다. 똑같은 고기를 보면서 누구는 우상의 제물로 생각하는가 하면 누구는 먹을 수 있는 음식 이상으로는 생각하지 않습니다. 비록 우상에게 제사하는 제물이지만 우상은 존재하지 않으니 아무런 문제가 되지 않는 것이겠지요. 주어진 상황을 다르게 해석하는 차이만 있을 뿐, 고기를 먹는 것도 하나님의 존재를 인정하기에 선택한 것이고, 먹지 않는 것도 하나님을 인정하는데서 오는 선택입니다.

주님이 우리 한명 한명의 속도에 맞추어 걸어 주시는 것은 우리의 선택을 존중해 주시는 것입니다. 누구의 속도는 너무 빠르니 함께 걸을 수 없고, 누구의 속도는 너무 늦으니 그 속도에 맞출 수 없다고 하지 않으십니다. 주님의 속도에 맞출 것을 요구하지도 않으십니다. 빠르면 빠른 대로 늦으면 늦은 대로 맞추어 주십니다. 그러니 우리도 나의 걸음만 정답이라 하지 않으면 좋겠습니다. 모두의 선택을 존중하시는 주님처럼, 그렇게 존중하고 사랑하는 오늘이고, 우리였으면 좋겠습니다.

:: 기도 나눔

하나님 아버지, 하나님의 사랑을 무엇으로 측량할 수 있을까요. 무엇에 비유하여 그 은혜를 다 고백할 수 있을까요. 하나님께 드릴 수 있는 것은 '그저 감사합니다'는 고백뿐입니다. 그렇게 오늘을 살아가는 인생이오니, 누구도 업신여기지 않게 하옵소서. 누구도 비판하지 않도록 도와주옵소서.

58. 14:13-23

네게 있는 믿음으로

:: 말씀 나눔

주님의 몸 된 교회가 아름다울 수 있는 것은 강한 자의 손이 약한 자를 향하기 때문이다. 주님의 몸 된 교회가 하나님의 생명력을 잃지 않고 영향력을 끼칠 수 있는 것은 긍휼과 사랑이 세상의 방법을 품어주기 때문이다. 하나님의 긍휼은 우리 인생의 역사를 구원이라는 은혜 안으로 초대했다. 예수 그리스도의 사랑은 무엇도 온전하게 감당할 수 없는 우리 인생들의 삶에 선한 것을 사모하게 했다. 그런데..., 하나님의 영광으로 살아가는 우리는 비판이라는 울타리 안으로 이웃을 가두어 버린다. 뿐만 아니라 이웃들의 일상에 부딪칠 것(장애물)이나 거칠 것(걸림돌)을 두어 그들로 곤고한 인생이 되게 한다. 하나님의 영광이라는 이유로...

하나님께서 세상의 모든 것을 세우신 것이기에 스스로 속되거나 거룩할 수 없다. 단지 우리의 판단이 비판이 되어 하나님의 선한 것이 비방을 받게 한다. 우리가 두는 걸림돌이 형제들의 마음에 근심이 되어 한걸음 멈추어 버리게 한다. 우리가 쏟아내는 비판의 소리가 세상 속으로 사라지는 듯 하지만 사라지지 않는다. 그대로 살아있어 하나님 앞에 서는 날 우리는 나의 소리와 만날 것이다. 우리가 연약한 자들 앞에 두었던 장애물이나 걸림돌도 지워지지 않을 것이다. 그 이유는..., 오늘 우리의 시간이 하나님 앞에 있으며, 그 시간이 선한 삶이기를 원하시는 그분의 위대하신 뜻이기에...

성령 안에서 의와 평강과 희락으로 그리스도를 섬기는 삶은 하나님을 기쁘시게 하며 사람에게도 칭찬을 받는다. 의는 내 자신을 위해 살아내는 삶이 아니라 이웃을 위해 살아내는 삶을 말한다. 평강에는 덕을 세우는 수고가 있어 하나님의 사업이 무너지지 않도록 하는 것이다. 희락은 나의 즐거움에서 시작하는 것이 아니요, 이웃의 즐거움에서 시작하는 것이다. 그러니 잃어버린 것을 찾아 기뻐하는 이웃의 기쁨이 곧 나의 기쁨이 된다. 그리스도께서 우리의 죄를 대신해 죽으신 이유는 무엇인가. 나의 강한 믿음이 나를 드러내는 것이 아니고, 우리의 연약한 이웃이 강한 믿음이 되도록 도와주는 것에 있다.

우리는 저마다 걷는 걸음의 속도가 다르고, 걸어가야 하는 움직임의 양도 다르다. 나는 두 걸음 걸었으나 다른 사람은 두 걸음을 걸을 수 없다. 두 걸음을 꼭 걸어야 하는 것도 아니다. 하나님의 역사는 결코 획일적일 수 없다. 모두는 다양한 방법과 모습으로 각자에게 주어진 길을 걸어간다. 그렇기에 나는 옳고 다른 사람은 옳지 않다는 생각은 아주 가난한 생각이다. 나의 생각이 옳으니 무조건 따르기를 바라는 것도 좋은 생각이 될 수 없다. 그러니 믿음이 강한 자는 형제를 위하여 먹지 않으며, 마시지 않는 아름다운 절제가 필요하다. 내게 있는 믿음으로 누구도 정죄하지 않는 것이 나의 복이며, 하나님은 그 시간을 통하여 일하신다.

:: 묵상 나눔

하나님의 이름으로 오늘을 살아가는 우리입니다. 그래서 그저 감사이고, 잘 살아내고 싶은 오늘입니다. 이렇게 하나님의 이름이 우리의 시간을 은혜로 채우시지만..., 여전히 수많은 시행착오를 겪으며 오늘을 살아갑니다. 그러니 실패와 좌절이 늘 함께하고, 깊은 한숨이 우리의 시간에서 떠나지 않습니다. 그래도 여전히 호흡하고, 내일을 그립니다. 참 연약한 우리가 오늘을 살아갈 수 있는 것, 그리고 내일을 그릴 수 있는 것은 오늘의 실패에 발을 맞추어 주시는 주님이시기 때문이지요. 만약 우리에게 완벽을 요구하시고, 어떤 실수도 용납하지 않으셨다면 오늘의 우리도, 내일의 우리도 존재할 수 없겠지요.

우리의 시간이 이렇게 긍휼을 입었음에도 다른 사람에 대하여 우리는 참 많은 비판을 쏟아냅니다. 배려보다는 율법이 더 자유롭게 우리의 생각을 지배합니다. 그래서 스스로에게는 참 슬픈 오늘이고, 하나님께는 죄송한 오늘입니다.

몸이 강한 자가 오를 수 있는 산이 있고, 몸이 연약한 자가 오를 수 있는 산이 있습니다. 그럼에도 연약한 사람의 건강을 생각한다는 이유를 들어 오르지 않는 것을 비판합니다. 오를 수 없는 산이라는 것을 인정하려 하지 않습니다.

우리는 옳은 것을 제시해야 할 때가 있고, 옳을 것을 스스로 깨달을 때까지 기다려주어야 할 때가 있습니다. 지금은 비록 옳은 행동을 선택하지 않는다 해도 오히려 기도하며 기다려 준다면 우리는 하나님의 위대한 역사를 만나게 될 것입니다.

하나님께서 원하시는 것만이 진정한 가치가 있다는 것을 잘 아는 우리입니다. 하나님은 믿음이 강한 자가 자신만 위해 살아가지 않고, 그 강함이 연약한 자의 삶의 자리에 함께 하기를 원하십니다. 그래서 강한 자와 연약한 자가 함께 하나님의 사업을 세워가기를 바라시는 것이지요. 그러니 우리의 걸음이 한걸음 뒤로 물러서는 오늘이면 좋겠습니다. 하나님만 아실 수 있도록 아주 조용하게…

:: 기도 나눔

하나님 아버지, 하나님을 믿는 믿음으로 살아가게 하시니 감사합니다. 오늘도 하나님의 은혜로 살아가오니, 비판하지 않는 오늘, 배려하는 오늘이었으면 좋겠습니다.

정죄하고 무너뜨리지 않는 오늘, 사랑과 인내로 세워주는 오늘이면 좋겠습니다. 허락하신 믿음을 따라 잘 감당하게 하옵소서.

59. 15:1-13

그리스도 예수님의 작품

:: 말씀 나눔

믿음이 강한 사람은 그렇지 못한 사람의 약점을 돌보아 주는 것이 마땅하다. 믿음이 강하다는 것은 신실하신 하나님의 역사에 발을 맞추어 갈 수 있는 지혜자이기 때문이다. 물론 내가 무엇인가를 할 수 있다는 것은 아니다. 세상의 모든 것은 하나님으로부터 시작되었다는 것을 확신하기 때문이다. 그리고 이 확신은 어떤 상황에서도 흔들리지 않는 믿음 안에 있기 때문이다. 세상의 모든 것은 하나님께서 거룩하게 하셨다. 그러니 어떤 것도 이미 거룩한 것을 부정하다고 말할 수 없다. 그러나 지혜가 없는 율법이나 세상이 좇고 있는 언어에 익숙한 사람들이 있다. 그들은 여전히 거룩한 것과 속된 것으로 구분하여 행동을 한다.

부요하신 예수님은 가난한 우리를 위하여 친히 가난해지심으로 우리를 부요하게 하셨다. 우리의 부요를 위해 예수님은 스스로의 기쁨을 선택하지 않으시고 침묵과 고난을 선택하셨다. 시편 기자는 말하기를 "주의 집을 위하는 열성이 나를 삼키고 주를 비방하는 비방이 내게 미쳤나이다"(시69:9). 하나님을 기쁘시게 하기 위하여 예수님은 동족들과 이방인으로부터 비방을 받으셨으며, 그 모든 시간을 참아내셨다. 고통스러운 모든 시간을 그렇게 감내해 주셨기 때문에 가난한 우리는 부요한 자가 될 수 있다.

믿음으로 의롭다 인정을 받은 믿음의 조상들이다. 그러나 그러한 인정은 그들의 삶이 완벽해서 주어진 것이 아니다. 믿음으로 의롭다 인정을 받기까지 하나님께서 주시는 인내와 위로가 함께 하지 않았다면 불가능한 일이다. 그들이 믿음으로 굳게 서기까지 하나님께서 기다려 주신 것처럼, 우리의 삶에도 여전히 힘을 주시며 기다려 주신다. 하나님께서 기다려주심으로 성숙되어 가는 우리의 묶은 믿음이 연약한 사람의 친구가 되어야 한다. 연약한 자들과 한마음 한 입이 되어 하나님께 영광을 돌려야 한다.

그리스도께서 우리를 용납하심으로 하나님께 영광을 돌려드렸다. 그것처럼 우리도 서로를 용납하는 일상이 된다면 이러한 삶이 하나님께 영광이 된다. 그리스도께서 하나님의 진실하심을 위하여 할례의 추종자가 되셨다는 것은 유대인의 구원을 위하여 일하시고, 죽으셨다는 것을 의미한다. 그렇게 하심으로 하나님께서 조상들에게 주신 약속을 견고하게 하신 것이다. 그리스도의 용납하심은 유대인뿐 아니라 이방인에게까지 향하여 하나님의 진노에서 벗어나게 하셨다. 그리스도의 조건 없는 용납하심은 주의 백성과 모든 열방이 함께 즐거워할 수 있도록 했고, 주를 찬양하게 했으며, 모든 소망을 그에게 두도록 하셨다. 우리의 소망을 하나님께 놓는다면 소망의 하나님이 우리와 함께 하신다. 그리고 하나님의 모든 기쁨과 평강을 믿음 안에서 충만하게 하시고, 우리로 성령의 능력 안에서 소망이 더욱 넘치게 하시실 것이다.

:: 묵상 나눔

그리스도 예수님의 조건 없는 용납하심, 그 위대하신 사랑은 우리 일상의 내용을 풍요롭게 합니다. 이전에는 보이지 않았던 것들이 눈에 들어오기 시작하고, 들리지 않았던 소리들이 귓가에서 사라지지 않습니다. 전혀 관심이 없었던 거리를 걷게 되고, 표현하지 않았던 마음의 생각들이 누군가를 위해 진동합니다. 작은 들꽃에 마음이 더 가는 것은 아픈 이들의 마음이 와 닿는 것이겠지요. 깨닫지 못했던 상황들이 마음을 두드리는 것 또한 일상의 내용이 그만큼 풍요로워졌다는 것이겠지요. 나를 중심에 두는 일상이 바뀐다는 것은 그리 쉬운 일이 아닙니다. 지극히 인간적인 우리는 선한 것을 감히 생각할 수 없고, 행동할 수 없는데..., 어느새 선한 것들로 아주 조금씩 조금씩 채워져 갑니다.

오늘의 절망은 죽음 그 자체였으나 이제는 내일을 기대하는 오늘의 절망이 되었고, 오늘의 수고는 내일을 소망하는 한걸음이 되었습니다. 그리스도 예수님의 작품입니다. 예수님의 작품은 소망입니다. 오늘의 소망이 내일을 위해 일하고, 내일의 소망은 미래의 소망을 위해 일합니다. 모든 열방을 위하여 아브라함을 선택하신 것이 소망이고, 이스라엘 민족을 위하여 모세를 세우신 것이 소망입니다. 아브라함을 부르신 것이 단지 아브라함만을 위한 것이고, 모세의 이름을 위해 그를 부르셨다면 소망이라 할 수 없겠지요. 하나님께서 그들을 부르신 것은 이스라엘과 모든 열방들을 위하여 부르셨기에 소망이 되는 것이지요.

우리를 세우신 것도 우리만을 위한 것이 아니요, 아주 작은 들꽃을 위하여 세우신 것입니다. 작은 들꽃을 세우시기 위하여 부족한 우리의 생각에 머무르시고, 허우적대는 행동에도 기다려주신 것입니다. 이것이 연약한 이들의 일상이 풍요롭기를 바라시는 하나님의 마음입니다. 하나님의 소망이 우리의 일상을 풍요롭게 하신 것처럼, 우리의 마음도 연약한 꽃들의 일상을 풍요롭게 할 수 있기를 기대해봅니다.

:: 기도 나눔

하나님 아버지, 하나님의 소망이 그리스도 예수님의 작품이 되어 우리 일상의 내용을 풍요롭게 하시니 감사합니다. 이제는 예수님의 작품이 우리의 작품이 되기를 기도합니다. 우리에게 허락하신 일상의 내용이 작은 들꽃, 연약한 이들의 일상에 풍요의 내용을 더할 수 있도록 도와주시옵소서.

60. 15:14-33

나를 통하여 역사하신 하나님의 일

:: 말씀 나눔

하나님께서 바울에게 부여한 은혜는 이방인을 위해 선택 되었다는 것, 성령님의 능력 안에서 그 모든 사역을 감당하게 하신 것이다. 바울의 삶의 내용은 성령님 안에서의 변화와 능력이다. 성령님은 그를 거룩한 제사장이 되도록 구별하셨고, 소망을 견고하게 하는 지혜와 힘을 공급하시어 모든 시간과 공간에 함께 하신다. 그러니 그리스도 예수님의 일꾼으로서, 하나님의 복음의 제사장으로서의 일상을 넉넉히 감당한다. 바울이 전하는 복음은 언어에 그치지 않았고 그의 삶에서 행동이 함께한다. 그리고 하나님은 그의 언어와 행동 위에 성령님의 능력이 나타나도록 하신다.

복음을 위한 바울의 오늘은 예루살렘으로부터 일루리곤(현재 알바니아 국토에 해당)까지 그리스도의 복음으로 가득 채워지도록 한다. 그의 시간 속에 나타난 기사의 능력이 일상의 내용이 된다. 그는 그리스도의 이름이 이미 알려진 곳에는 복음을 전하지 않았고, 복음을 접하지 못한 곳을 향하였다. 복음을 알지 못하고, 듣지 못하는 이들이 깨달아 소망의 하나님과 함께하는 것이 그의 목표가 된다. 그렇게 평범하지 않았던 바울의 사역이다. 이 모든 사역의 내용 중심에는 오직 하나님이다. 하나님께서 모든 능력이 되어 주셨고, 능력이 나타나는 그곳에 바울이 있었을 뿐이다. 그러니 어떠한 것도 그의 자랑으로 남지 않는다.

서바나를 방문하고자 하는 마음은 있었으나 지금까지 열리지 않은 길이다.

그러나 하나님의 시간이 되었으니 그의 최종 목적지인 서바나로 향하는 길이 열린다. 바울은 그렇게 기다렸던 길, 서바나로 떠나기 전에 로마에 잠시 들러 영적 교제를 나누고자 한다. 로마를 가기전에 바울은 마게도냐와 아가야 사람들이 드린 연보를 전하기 위해 예루살렘을 방문할 것이다. 이 연보는 유대인으로부터 영적인 것을 나누어 가진 이방인이 육적인 것으로 가난한 유대인을 섬기기 위한 헌금이다. 유대 그리스도인과 이방 그리스도인의 유기적인 상호연대감을 위해 중요하다.

예수 그리스도와 성령의 사랑으로 바울과 로마 교인은 불가분의 관계가 된다. 그러니 바울은 로마 교인에게 자신을 위한 기도를 부탁한다. 모든 시간 하나님의 인도를 바라는 바울이지만, 로마교인들의 기도 속에 자신의 사역을 위한 간절함이 있기를 부탁하고 있다. 바울이 부탁하는 기도는 유대에 있는 믿지 않는 사람들로부터 화를 당하지 않도록, 예루살렘으로 가지고 가는 구제금을 예루살렘 성도들이 기쁘게 받아들일 수 있도록, 이 모든 일을 마치고 로마 교인들과 함께 즐겁게 쉴 수 있기를 바라는 마음이다. 유대인으로부터 늘 공격을 받아온 바울이다. 그리고 예루살렘교인은 신앙적 자긍심이 아주 높기 때문에 이방인의 헌금을 대하는 어려움이 있을 수 있다. 그러니 하나님의 은혜를 구하는 바울이다. 마지막으로 하나님의 평강이 로마의 모든 교인들과 함께 하기를 기도한다.

:: 묵상 나눔

그리스도 예수 안에서 하나님의 일을 자랑하지만, 하나님께서 역사하신 것 외에는 감히 말하지 않는 바울입니다. 바울이 자랑하는 하나님의 일, 그 자랑 속에는 오직 하나님의 은혜만 자리합니다. 하나님의 일은 한 시대를 위하여 세워진 사도들을 통하여 멈추지 않습니다. 한 시대를 감당하고 떠난 자리는 그 시대가 필요로 하는 또 다른 사람을 통하여 여전히 계속됩니다.

하나님의 일은 우리의 언어와 행동을 통하여 증거가 됩니다. 언어에서 주는 온기가 다른 이들의 마음을 따뜻하게 하고, 행동이 가지고 오는 열매는 모두를 행복하게 합니다. 하나님의 표적과 기사의 능력을 오늘 만나지 못하면 내일을 기약할 수 없는 이들에게 새로운 희망이 되어 줍니다. 하나님의 역사가 바울에게 임하였고, 그 모든 일을 능히 감당합니다.

누구도 부인하지 못하는 바울의 사역이 더욱 아름다울 수 있는 힘은 어디에 있을까요. 그는 믿음이 연약한 자들을 세우기 위하여 먹고 마실 수 있는 그의 자유를 포기하고, 오히려 먹지 않고 마시지 않는 자유를 선택합니다. 예루살렘으로부터 두루 행하여 일루리곤까지 그리스도의 복음이 편만하기를 바라며 한 걸음도 쉬지 않고 달려갑니다. 다른 사도가 세운 터 위에는 결코 그의 이름을 남기지 않습니다. 그런데 무엇보다도 존귀한 마음은 로마 교인에게 기도를 부탁하는 겸손입니다.

로마 교회는 바울이 세운 교회도 아니요, 한 번도 만나보지 못한 성도들입니다. 그 공동체 안에는 먹을 것으로 실족하는 이들이 있으며, 복음에 대한 이해가 부족한 이들이 있는 곳입니다. 그런 그들에게 자신의 영성을 드러내지 않고 모든 힘을 빼고 있습니다. 우리의 공동체는 나의 힘을 필요로 하지 않고 겸손을 필요로 합니다. 나의 힘이 빠지지 않으면 우리는 하나님의 위대하심을 영혼 깊은 곳에서부터 고백할 수 없습니다.

:: 기도 나눔

하나님 아버지, 언어가 따뜻한 오늘, 행위가 아름다운 오늘이 되도록 도와주시옵소서. 나에게 허락하신 성령님의 능력이 누군가의 내일을 돕는 증거가 되게 하옵소서. 간절히 기도하오니 힘을 빼는 오늘이게 하옵소서. 오직 하나님의 위대하심만 자랑하는 겸손을 잃지 않도록 도와주시옵소서.

61. 16:1-16

거룩한 입맞춤으로 문안하라

:: 말씀 나눔

바울은 겐그레아 교회의 일꾼인 뵈뵈를 추천하며 서신의 결미를 시작한다. 겐그레아는 고린도에 있는 항구로서, 다양한 무역선이 집결하는 곳이었다. 그러다보니 항해의 안전을 위하여 각종 종교와 제의가 자연스럽게 발전하게 된다. 그 증거로 아르데미스(Artemis)의 신전과 목상, 바다의 신으로 알려진 포세이돈(poseidon)의 청동형상, 아스클레피우스(Asclepius)와 이시스(Isis) 성소 등이 이곳에서 발견 되었다. 이와 같이 이교도의 중심지였으나 바울에 의하여 일찍부터 복음이 들어가게 되었고, 복음을 받아들이면서 우상이 가득한 그곳에 교회가 세워지게 된다. 이런 배경을 가지고 있는 겐그레아 교회이고, 그곳에서 수고하는 뵈뵈를 추천한다. 바울은 성도들의 합당한 예절, 즉 성도들답게 영접해 주기를 부탁하면서 뵈뵈가 원하는 것은 무엇이든지 도와주시기를 부탁한다. 뵈뵈는 성도로서 이미 많은 사람을 도와주었고, 바울도 복음을 전하는 동안 그로부터 많은 도움을 받았다고 전한다.

바울의 동역자 브리스가와 아굴라다. 그들은 바울의 목숨을 위하여 목숨을 내놓을 정도로 지극한 정성을 다하여 수고했다. 바울 뿐 아니라 이방인의 모든 교회도 그들에게 감사하고 있다는 것을 잊지 않고 전한다. 바울이 사랑하는 에배네도다. 에배네도는 이방인 그리스도인으로 아시아에서 처음으로 맺은 열매다. 마리아는 교회를 위하여 어려움을 이기며 몸과 마음을 다하여 섬긴 동역자다. 바울의 친척으로 함께 갇히기도 했던 안드로니고와 유니아다. 그들은 사도들로부터 좋은 평을 받고 있으며, 바울보다 먼저 그리스도를 믿은 동역자들이다. 주님 안에서 바울이 사랑하는 암블리아다. 그리스도 안에서 성도들의 동역자인 우르바노와 바울이 사랑하는 스다구다. 그리스도 안에서 인정함을 받은 아벨레다. 아리스도블로의 가족도 복음 사역의 동역자들이다.

바울의 친척 헤로디온이다. 나깃수의 가족 중 주님을 믿는 몇이 있다. 주님 안에서 수고한 드루배나와 드루보사다. 주 안에서 많이 수고하고 사랑하는 버시다. 주 안에서 택하심을 입은 루포와 그의 어머니다. 루포의 어머니는 곧 바울의 어머니이기도 하다. 아순그리도와 블레곤, 허매, 바드로바와 허마 및 그들과 함께 있는 형제들이다. 빌롤로고와 율리아, 네레오와 그의 자매, 올룸바와 그들과 함께 있는 모든 형제들이다. 바울은 그의 동역자들의 이름을 소개하면서 거룩하게 입맞춤으로 문안할 것을 말한다. 거룩한 입맞춤은 성도들 사이에 나누는 정다운 몸짓으로, 성만찬 집례시 예전의식의 일부로 활용한 성도의 교제 행위이기도 했다.

:: 묵상 나눔

거룩한 입맞춤으로 서로 문안하라..., 서신의 결미를 사랑하는 동역자들과 함께 하는 바울입니다. 바울의 거룩한 입맞춤에는 세상의 조롱과 멸시를 이겨내도록 하신 하나님의 은혜가 담겨 있습니다. 그의 입맞춤에는 환난과 박해를 이겨내고 마침내 승리하신 그리스도의 사랑이 담겨 있습니다. 그러니 바울의 거룩한 입맞춤에는 하나님의 은혜와 그리스도의 사랑만 가득합니다.

어느 한 시대를 살아가는 우리의 시간 속에는 비웃음이 있고, 조롱 섞인 언어들이 있습니다. 누군가의 마음을 후벼파고, 숨을 쉴 수 없도록 합니다. 이렇게 가슴 아픈 오늘의 시간을 잠시 멈추고 예수님의 공간 안으로 들어가 봅니다. 그리고 예수님의 공간이 만들어 낸 아름다운 흔적과 고백을 나눕니다.

- 신뢰와 희망은 그리스도의 신비로운 현존에서 솟아납니다. 부활하신 이후로 그리스도는 성령을 통하여 우리 한 사람 한 사람 안에 사십니다. 더 나아가, 그분은 "예외 없이 모든 인간과 결합해 계십니다" 수많은 사람들이 그리스도께서 그들과 결합해 계시다는 것을 깨닫지 못하며 각자를 바라보시는 그분의 눈길을 알지 못합니다. 하지만 그분은 우리 각 사람 안에 마음이 겸손한 분으로 찾아와 계십니다. 그리하여 그분의 부드러운 목소리가 들립니다. "너를 향해 열린 희망의 길을 알아보겠느냐? 그 길로 들어설 준비를 하느냐?" 그럴 때 어떻게 그리스도께 이렇게 말씀드리지 않을 수 있겠습니까? "저는 평생 당신을 따르고자 합니다. 하지만 저의 연약함을 아십니까?" 복음을 통해 그분은 응답하십니다. "나는 너의 시련과 가난을 안다. 평생토록 신실하게 살아가기 위해서 너는 가진 것이 없다고, 혹은 거의 없다고 생각한다. 하지만 너는 부요하다. 무엇으로? 항상 네 곁에 계시는 성령으로..., 그분의 자비는 네 영혼의 그늘진 곳까지 비추어 준다." 떼제의 편지 중 -

그리스도를 향한 신뢰와 희망으로 부요한 자이기에 거룩한 입맞춤으로 오늘을 채워갈 수 있기를 간절히 바라봅니다. 따뜻하게 말씀하시는 성령님의 음성이 우리의 심령을 위로하는 오늘이기에 감사의 찬양이기를 소망합니다.

:: 기도 나눔

하나님 아버지, 그리스도의 신비로운 현존 앞에서 신뢰와 희망을 소유하게 하시니 감사합니다. 항상 곁에 계시는 성령님으로 부요한 자가 되게 하시니 감사합니다. 저의 영혼의 그늘진 곳을 비추어 빛이 되게 하신 하나님, 거룩한 입맞춤으로 그늘 진 곳을 비추는 오늘이 되도록 도와주옵소서.

62. 16:17-27

찬란한 복음, 세상을 품다

:: 말씀 나눔

복음은 로마 교회 성도들로 하여금 바른 믿음으로 세워져 가도록 한다. 이에 그들은 하나님과 그리스도께 순종하는 삶을 살게 된다. 그런데 그들의 공동체 안에 바른 교훈을 거슬러서 분열을 일으키거나 올무를 놓아 넘어지도록 하는 자들이 있다. 초대교회 당시는 유대주의적 율법주의가 매우 성행하였다. 유대인은 복음을 믿어 기독교인이 되었지만 여전히 구원의 근거를 아브라함과 율법에 두는 유대주의적 사고를 가지고 있는 사람들이 있었다. 그 결과로 기독교 신앙과 유대주의 사이에 끊임없는 마찰이 일어나게 된다.

유대 그리스도인은 이방인들의 구원을 인정했다. 그러나 참다운 성도가 되기 위해서는 이방인 성도들도 그들처럼 율법과 할례를 지켜야 한다고 주장한다. 구원은 오직 그리스도를 믿는 믿음을 요구하는데 자기들의 배만 섬기는 자들이 바른 교훈을 무너뜨리고 있는 것이다. 그들의 사사로운 이익에만 집중하여 온 힘을 다한다. 그들의 언어는 교활하고 아첨하는 말로 순진한 자들의 마음을 미혹한다. 여기서 '순진하다'는 것은 악하지 않지만 옳고 그른 것을 분별할 능력이 없어 무엇이나 믿어버리는 어리석은 자를 의미한다. 속이는 자와 속는 자가 함께 살아가는 세상이지만, 바른 교훈에는 지혜롭고 악한 데 미련하기를 원하는 바울의 간절한 마음이다. 간절함이 희망이 되는 것은 평강의 하나님께서 사탄을 발아래 두실 것이며, 주 예수의 은혜가 넘치도록 하실 것이기 때문이다.

주 그리스도를 섬겨 순종함으로 하나님의 영광이 된 바울의 동역자들이 로마 교회에 문안한다. 믿음 안에서 참 아들이었던 디모데와 바울의 친척 누기오와 야손, 소시바더가 로마 성도들에게 문안한다. 바울의 편지를 대서하는 더디오도 주 안에서 문안한다. 바울과 온 교회를 돌보아 주는 가이오, 그가 머무르고 있는 성의 재무관 에라스도와 형제 구아도도 로마 성도들에게 문안한다.

바울의 복음 예수 그리스도, 이 신비는 오랜 시간동안 감추어져 있었으나 하나님의 시간이 되니 드디어 계시가 되었다. 영원하신 하나님은 이 신비를 선지자들의 글에 이미 남기셨는데, 이제는 약속하신대로 침묵을 깨시고 밝히 드러나게 하신다. 복음은 모든 이방인을 향해 선포가 되고, 그 선포는 믿음의 순종으로 열매를 맺게 한다. 그리고 이 복음은 모든 믿는 자들을 능히 견고하게 하는 능력이 된다. 하나님은 영원전부터 구원을 계획하셨으나 끝이 보이지 않는 어둠이 계속되는 상황에서 침묵하신다. 그러나 이제 율법을 품으신 예수 그리스도로 말미암아 영광을 나타내시며 모든 시대를 그 영광으로 초대하신다.

:: 묵상 나눔

복음, 하나님의 역사 그 중심에서 매우 찬란한 빛이 됩니다. 그 찬란하고 아름다운 빛이 어느곳도 어둠이 머무르지 못하게 하십니다. 복음이 역사 중심에 있어 찬란할 수 있는 이유는 무엇일까요. 복음 안에는 하나님께서 참아 주시는 침묵이 있기 때문입니다.

끊임없이 반복하는 세상의 실패 앞에서, 그래서 늘 반복되는 우리의 죄악 앞에서 복음은 침묵하십니다. 세상을 향하여 자비로 채우시는 모든 시간과 공간의 침묵은 무관심에서 오는 것이 아닙니다. 인생의 머릿속에서 어떠한 풍경을 그려가든 그 과정을 무관심으로 흘러 보내시는 것이 아닙니다. 오늘보다 나은 내일을 위해 참으시는 하나님의 인내입니다. 하나님의 은혜를 깨달아 알고, 고백하는 그림으로 완성해가기를 바라시며 침묵하시는 것입니다. 그러니 좌절하고 실망하는 시간에 침묵으로 함께 하시며, 답을 찾지 못해 허우적대는 오늘의 시간에서도 침묵해 주십니다.

복음이 침묵하시기에 어둠으로 물들어버린 풍경들이 아름답게 변할 수 있습니다. 복음이 침묵하시기 때문에 닫혀버린 영혼이 다시 깨어나 생명력을 찬양할 수 있습니다. 복음이 침묵하시니 율법 너머에 있는 자유가 우리의 것이 될 수 있었겠지요. 십자가를 향하여 걸어가시는 예수님의 길에 제자들의 모습은 참 인간적인 풍경입니다. 그러나 그런 제자들의 풍경에 예수님의 길이 전혀 방해를 받지 않으시며, 예수님의 길은 잠시라도 멈추지 않습니다. 오히려 침묵으로 그들의 시간을 채우시고 품어 부활의 영광을 보게 하시니 제자들의 시간이 찬란해집니다.

복음이 우리 인생의 삶을 참으로 찬란하게 하시네요. 따뜻한 온기가 되어 오늘을 웃게 하시고, 내일을 희망하도록 하시네요. 우리의 슬픔이 복음 안에서 녹아져 기쁨이 되게 하시네요. 아름다운 생수의 강이 되어 쉼 없이 흐르고, 흘러가게 하시네요. 예수 그리스도로 말미암아 영광을 나타내시는 그 은혜가 나를 통하여, 우리를 통하여 더욱 찬란하도록 하시네요. 죄악 가운데서 허우적대는 나를 통하여... 우리를 통하여 일하시네요. 여전히..

:: 기도 나눔

하나님 아버지, 어찌 그리 찬란한지요. 그 침묵은... 어찌 그리 따뜻한지요. 그 자비하심은... 어찌 그리 아름다운지요. 그 은혜는... 어찌 그리 신실한지요. 그 긍휼하심은... 어찌 그리 위대한지요. 그 사랑은… 어찌 그리 보배로운지요. 그 영광은… 하나님, 하나님의 멋진 풍경을 부족한 우리로 그려가게 하시니 감사합니다.